Doris Hammerschmidt

Das Podcast-Buch

Strategie, Technik, Tipps – mit Fokus auf Corporate-Podcasts
von Unternehmen & Organisationen

1. Auflage

Haufe Group
Freiburg · München · Stuttgart

Bibliografische Information der Deutschen Nationalbibliothek

Die Deutsche Nationalbibliothek verzeichnet diese Publikation in der Deutschen Nationalbibliografie; detaillierte bibliografische Daten sind im Internet über http://dnb.dnb.de/ abrufbar.

Print:	ISBN 978-3-648-13880-9	Bestell-Nr. 10536-0001
ePub:	ISBN 978-3-648-13881-6	Bestell-Nr. 10536-0100
ePDF:	ISBN 978-3-648-13882-3	Bestell-Nr. 10536-0150

Doris Hammerschmidt
Das Podcast-Buch
1. Auflage, September 2020

© 2020 Haufe-Lexware GmbH & Co. KG, Freiburg
www.haufe.de
info@haufe.de

Bildnachweis (Cover): © Christian Horz, Adobe Stock

Produktmanagement: Judith Banse
Lektorat: Peter Böke

Inhaltsverzeichnis

Vorwort

»Sie ruinieren mein Showgeschäft, sie Stotterliesen!«

Mit blauen und roten Kugelschreibern schrieben meine Freundin Christiane und ich unser erstes Hörspiel-Drehbuch: »Die Sissy-Schwestern und der Katzenfunk«. Es ging um zwei sangesfreudige Schwestern, die einen Radio-Boss von ihrer Leistung überzeugen wollen. Wir sprachen sechs wechselnde Personen, einen Hund und sangen zweistimmig, alles direkt – one take – in einen Kassettenrekorder. Da waren wir etwa zehn Jahre alt.

Jetzt wissen Sie schon zwei Dinge über mich: Ich gehöre in die Generation, die noch Kassetten kennt. Und: Mein Weg in die Audio-Welt bzw. ins Radio war schon früh erkennbar. Rund 30 Jahre arbeite ich jetzt schon mit allem, was man hören kann. Ich bin ein Audio-Aficionado, ein Klang-Kind, einer der glücklichen Menschen, die eine Berufung zum Beruf machen durften. Ich liebe es, wenn im Radio oder allgemein in Audioproduktionen dieser einzigartige professionelle Fluss entsteht, wenn alle Elemente am richtigen Platz sind: Sprache, Geräusche, Musik, Stille.

In diesem Buch möchte ich Ihnen dieses für mich wunderschönste aller medialen Kunsthandwerke näherbringen und mit der noch relativ neuen Medienform »Podcast« verknüpfen. Der »Podcast« ist dabei nur der Rahmen, in dem diese Malerei für die Ohren zu Ihnen kommt. Der Rahmen ist wichtig. Wichtiger aber ist ... Sie ahnen es: Der Inhalt!

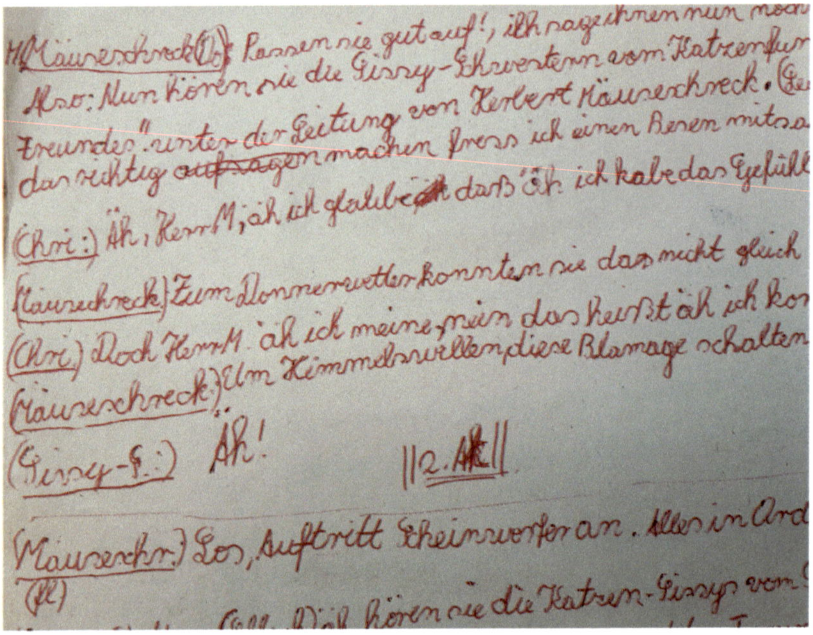

(Mäuseschreck) Passen sie gut auf!, ich sag ihnen nun noch
Also: Nun hören sie die Sissy-Schwestern vom Katzenfun
Freunde!" unter der Leitung von Herbert Mäuseschreck. (Ge
das richtig ~~aufsagen~~ machen fress ich einen Besen mitsa
(Chri:) Äh, Herr M, äh ich glaube äh daß äh ich habe das Gefühl
(Mäuseschreck) Zum Donnerwetter konnten sie das nicht gleich
(Chri) Doch Herr M. äh ich meine, nein das heißt äh ich kon
(Mäuseschreck:) Um Himmelswillen, diese Blamage schalten
(Sissy-S.:) Äh! ||2. Akt||
(Mäusechr.) Los, Auftritt Scheinwerfer an. Alles in Ord
(K) hören sie die Katzen-Sissys vom

Abb. 1: Ausschnitt aus dem »Drehbuch« zu »Die Sissy-Schwestern und der Katzenfunk« (historisches Dokument, ca. 1977)

Einführung: Podcasts für Anbieter mit professionellem Ansatz

> *»Ja, hört man jetzt überall, aber erklär mir bitte mal – was ist das mit diesem Podcast. Ist das wie Radio? Wo kann ich das hören?«*

Au weia, Elevator-Pitch im familiären Umfeld. Meine Mutter will wissen, womit ich mich da jeden Tag beschäftige. Wie erkläre ich ihr jetzt die ganze Dimension dieses vielfältigen Mediums? Ach, wissen Sie was!? Wenn ich schon beim Erklären bin, mache ich es gleich ausführlich. So ein Buch ist doch auch in digitalen Zeiten etwas Schönes, oder? Dann können Sie nachlesen, blättern, immer mal wieder reinschauen … Ich hoffe, dass Sie dieses Buch oft in die Hand nehmen und mit einem erfrischten »Ah, verstehe!« wieder hinlegen. Und wenn ich dann auch noch meiner Mutter erklären kann, womit ich mich so intensiv beschäftige – umso besser.

Zunächst: Was hat es mit diesem Podcast auf sich, warum reden seit einiger Zeit wieder alle darüber, die »Was mit Medien« machen? Ich denke, dass die große Wiederauferstehung des Podcasts von drei Entwicklungen befeuert wurde:

1. Die massenhafte mobile Nutzung per Smartphone
    Dank besserer Bandbreite können Audio-Inhalte schnell geladen oder gestreamt werden. Und: Für Audio brauche ich meine Augen nicht. Ich kann es also nebenbei, in Wartesituationen oder bei anderen Tätigkeiten konsumieren – beim Joggen, Zugfahren, Bügeln oder Auf-dem-Sofa-Lümmeln. Nicht zu vergessen: Das gilt inzwischen auch für Connected Car-/Bluetooth- oder ähnliche Anwendungen im Auto.
2. Die neue Lust am Hören
    Es gibt eine Gegenbewegung zum Überangebot an hektischen, oberflächlichen Medieninhalten auf den Kanälen unserer Zeit, vom Privatradio über Instagram bis TikTok. Längere, komplexe Produktionen werden als erholsam und intensiv empfunden. Podcast-Hörer sind aufmerksam, ihrem Lieblings-Podcast treu und nicht gleich nach 40 Sekunden wieder weg.
3. Der Kampf der großen Plattformen um die Podcast-Hörer
    Nach Apple/iTunes in der ersten Welle sind in der zweiten Welle alle großen Player mit dabei und stecken teils riesige Summen und viel Personal in die Produktion und Verbreitung von Podcasts. Die weltweit treibende Kraft ist dabei Spotify, aber auch Google, Audible oder andere Medienhäuser oder Verlage sind überaus aktiv (siehe Kapitel 1.3 »Die wichtigsten Spieler auf dem Markt«). Das erhöht wiederum die Bekanntheit und Beliebtheit von Podcasts, wobei das Potenzial im deutschsprachigen Bereich noch nicht ausgeschöpft ist.

Was die Verbreitung von Smartphones angeht, lohnt sich ein kurzer Blick ins Ausland. Die allergrößten Podcast-Fans nämlich leben in Südkorea![1] Warum ausgerechnet dort? Weil dort die Smartphone-Dichte pro Einwohner am höchsten ist. Man erahnt das Potenzial in Deutschland. Größere Smartphone-Dichte, mehr Podcasts!

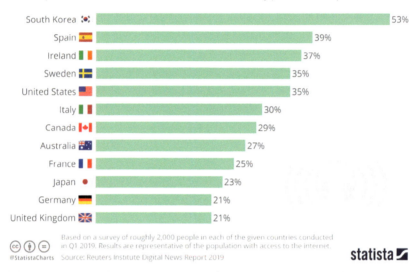

Podcast Popularity Across the Globe
% of respondents in selected countries who listened to any podcast in the past month

South Korea	53%
Spain	39%
Ireland	37%
Sweden	35%
United States	35%
Italy	30%
Canada	29%
Australia	27%
France	25%
Japan	23%
Germany	21%
United Kingdom	21%

Based on a survey of roughly 2,000 people in each of the given countries conducted in Q1 2019. Results are representative of the population with access to the internet.
@StatistaCharts Source: Reuters Institute Digital News Report 2019

statista

Abb. 2: Überraschung: Die Südkoreaner sind die größten Podcast-Fans, in Deutschland ist noch viel Luft nach oben (Quelle: Statista, Reuters Institute Digital News Report 2019

Über die »neue« Lust am Hören freue ich mich als Klang-Kind besonders. Denn so neu ist das ja nicht. Im Gegenteil: Das Erzählen von Mund zu Ohr ist die ursprünglichste aller menschlichen Kommunikationsformen. Sie sorgt dafür, dass Gehörtes eine besondere Wirkung hat: Was wir intensiv hören, ist uns näher. Und deswegen merken wir uns das viel besser! Über die dahinter liegende Psychologie des Hörens erfahren Sie mehr in Kapitel 2.1 »Stärke von Audio – vom Ohr direkt ins Gehirn«.

Kostenlos, aber wirksam – Podcasts als Marketinginstrument
Das größte Argument für Podcasts ist sicher: Sie sind kostenlos! Jedenfalls die, die auf den gängigen Plattformen bzw. allgemein im Netz zu hören sind. Es gibt einige Anbieter/Portale, die exklusive Podcasts nur für ihre Abonnenten anbieten, Audible, FYEO oder Podimo etwa. Die meisten Podcasts aber gibt es »frei Ohr« und ohne viel Aufwand zu hören. Es gibt zugegebenermaßen viele Wege, die zum Ohr führen, viele

---

1   Quelle: Pew Research Center, Spring 2018 Global Attitudes Survey, Q45 und Q46.

Anbieter, Portale, Aggregatoren oder Streamingdienste. Sie alle sind kompakt zusammengefasst in Kapitel 1.3 »Die wichtigsten Spieler auf dem Markt«.

Kostenlos und mit intensiver Wirkung bei den Zuhörern

Diese Kombination ist es, die Podcasts so interessant macht. Auch für den Einsatz im Unternehmensbereich. Denn nicht nur die Wege zum Ohr sind im Podcast-Universum vielfältig und dezentral. Auch die Macher von Podcasts sind es. Deswegen zunächst eine grundlegende Unterscheidung. Es gibt – so definiere ich das – drei Kategorien von Podcast-Machern:

- Privatpersonen, die Podcasting als Hobby betreiben und keinerlei kommerzielle Interessen haben oder damit Geld verdienen wollen – ich nenne sie **Hobby-Podcaster**
- Personen, Gruppen, Medienhäuser, die mit ihrem Podcast eine möglichst große Reichweite erzielen wollen, um sie vermarkten und so refinanzieren zu können – ich nenne sie **Autoren-Podcaster**
- Unternehmen, Organisationen, Institutionen, Einzelunternehmer etc. – alle, die mit dem Podcast eine inhaltliche Strategie verbinden, ein Kommunikationsziel erreichen wollen – ich nenne sie **Corporate-Podcaster**

Für welche dieser drei Gruppen ist dieses Buch gedacht?

In allererster Linie für die beiden zuletzt genannten: Autoren- und Corporate-Podcaster. Denn hier sehe ich zwei große Bedarfe: Den Wunsch nach professioneller Umsetzung einerseits und, dadurch bedingt, das Bedürfnis nach Information und Hilfeleistung. Natürlich freue ich mich auch über jeden Hobby-Podcaster, der Lust auf Professionalisierung hat und hier im Buch Anregungen findet.

Dieses Buch richtet sich also in erster Linie an Marketing-, Öffentlichkeitsarbeits-, PR- oder Kommunikations-Beauftragte in Unternehmen, Organisationen, Verbänden, Stiftungen, Vereinen oder Agenturen wie auch an Einzelunternehmer, Berater, Coaches. An alle, die wissen wollen, was einen erfolgreichen Podcast ausmacht, und die mit diesem Podcast eine Strategie verbinden, ein Kommunikationsziel erreichen wollen. Wobei das nicht heißen muss, dass das Ziel eine riesige Reichweite sein muss. Gerade als Corporate-Podcaster haben Sie vielleicht eine spitze Zielgruppe im Visier. Dann ist es nicht wichtig, wie viele Hörerinnen und Hörer der Podcast hat, sondern dass Sie Ihre Zielgruppe möglichst vollständig erreichen. Entsprechend werden Sie Ihren Podcast strategisch und inhaltlich darauf ausrichten.

Grundsätzlich werden Sie in diesem Buch Antworten auf diese Frage erhalten:

Wie komme ich Schritt für Schritt zu einem erfolgreichen Podcast, maßgeschneidert für meine Strategie und meine Kommunikationsziele?

Denn eines möchte ich Ihnen auch nicht verschweigen: Die Planung, Produktion und Verbreitung eines professionellen und erfolgreichen Podcasts ist komplex und erfordert viel Vorwissen. Sie wollen ihn ja nicht irgendwann auf dem »Content-Friedhof« beerdigen. Leider sterben aber nicht wenige Podcasts einen stillen Tod, weil im Vorfeld nicht gut genug geplant wurde.

Weitere Schwerpunkte bzw. Fokussierungen in diesem Buch:

Podcast-Vorteile ohne die »Nachteile«: Interne Kommunikation
Ein wichtiger Punkt, der meines Erachtens in den Unternehmen noch schwer unterschätzt wird, ist für mich der Einsatz von Audio/Podcasts in der internen Unternehmenskommunikation. In Kapitel 9 lernen Sie alle Stärken dieser Kommunikationsform und einige Stolperfallen kennen: Meist ist die Zielgruppe klar definiert und Sie schwimmen nicht in einem Meer an Podcasts, in dem Sie keiner findet. Entsprechend müssen Sie weniger Aufwand betreiben, damit der Podcast bekannt wird. Aber auch und gerade in der internen Kommunikation können Sie das Erzählen und Verankern von Informationen und Geschichten über die Ohren voll ausspielen.

Viel Strategie – weniger technische Details
Bei den technischen Aspekten werde ich nicht allzu sehr in die Tiefe gehen. Zum Thema Mikrofon, Schnitt-Software gibt es unzählige Tests und Berichte im Internet, die Sie nutzen können. Die entsprechenden Links erhalten Sie auch in diesem Buch bzw. in den Online-Arbeitshilfen auf mybook.haufe.de. Mein Fokus aber liegt stärker auf den konzeptionell-strategischen Anforderungen für einen erfolgreichen Podcast. Wenn die nicht stimmen, nützt Ihnen ein teures Mikro gar nichts.

Für eine stimmige Strategie ist es wichtig, etwas mehr über die Historie des Podcasts zu wissen. Auch wenn diese Medienform noch vergleichsweise neu ist, hat sie etwa seit 2004 schon eine Entwicklung hinter sich, die zu Besonderheiten – auch Merkwürdigkeiten – führt. Vieles auf dem großen Podcast-Spielfeld erscheint uneinheitlich, regellos. Auch diese Besonderheiten werde ich nach und nach erklären und Sie werden sehen: Ah, das ist alles ein bisschen ungeordnet – aber sehr spannend! Und sehen Sie mir auch nach, dass ich Ihnen als Inhaberin einer Agentur für Podcast-Produktionen wärmstens empfehle, spätestens bei der Produktion die Unterstützung von Profis zu suchen. Es sei denn, Sie haben sich das Know-how dafür bereits ins Haus geholt, was bei einigen größeren Unternehmen durchaus der Fall ist. Sie werden in diesem Buch davon hören und lesen. Außerdem finden Sie in jedem Kapitel praktische Checklisten und Tabellen, die es Ihnen ermöglichen, die theoretischen Grundlagen Schritt für Schritt mit Ihrem Umfeld, Ihrer Personalsituation, Ihren Ideen und Ihren konkreten Anforderungen abzugleichen.

Kapitel als Module für Ihre individuelle Strategie

Möglicherweise sind nicht alle Inhalte, alle Kapitel für Sie gleichermaßen relevant:

Ihre Strategie, Ihr Podcast-Format steht schon, Sie möchten mit der Produktion loslegen? Dann steigen Sie gleich in Kapitel 4 ein.

Sie möchten umfassend in Strategie und Planung Ihres Podcasts einsteigen, die Produktion aber an eine Agentur vergeben? Dann können Sie Kapitel 4 bis 6 auslassen und später wieder einsteigen.

Gender-Hinweis

Liebe Leserinnen und Leser, Sprache spiegelt unser Bewusstsein und unsere gesellschaftliche Entwicklung. Die gendergerechte Sprache ist ein wichtiger Schritt zu einer gleichberechtigten Gesellschaft. An manchen Stellen im Buch habe ich deswegen die weibliche und männliche Form ausgeschrieben (»Hörerinnen und Hörer«). Dennoch habe ich mich zugunsten der besseren Lesbarkeit des Buches entschlossen, in der Regel das generische Maskulinum bzw. geschlechterneutrale Formen zu verwenden. Selbstverständlich sind dabei immer beide Geschlechter gemeint sowie diejenigen Menschen, die sich keinem oder einem dritten Geschlecht zuordnen.

ZUSAMMENGEFASST – SIE WERDEN IN DIESEM BUCH ERFAHREN ...

- Was ist ein Podcast und warum werden gerade so viele veröffentlicht?
- Welche Podcast-Formate gibt es und welche eignen sich auch für Unternehmen, Einzelunternehmer, Organisationen, Vereine, Experten etc.?
- Mit welcher Strategie bringe ich die richtigen Inhalte an die richtige Zielgruppe?
- Wenn ich selbst produzieren möchte, welche personellen und technischen Anforderungen gibt es, von der Aufnahme über den Schnitt bis zur Postproduktion?
- Wo und wie veröffentliche ich meinen Podcast und wie sorge ich für eine möglichst große Reichweite?
- Wie überprüfe ich den Erfolg des Podcasts und gibt es Möglichkeiten der Refinanzierung?
- Welches Potenzial haben Podcasts in der internen Mitarbeiterkommunikation?
- Wie haben es andere gemacht, von welchen Produktionen kann ich lernen?

Smartphone raus und Ohren auf!

Lesen, Lesen, Lesen … und nichts zum Hören? Das wäre in diesem Buch unlogisch. Dafür haben wir die **App smARt Haufe**! Mit ihrer Hilfe haben wir im Buch viele Hörbeispiele verteilt, die Sie mit der App zum Buch aufrufen können. Einfach mit der Smartphone-Kamera drüber gehen und schon gibt's was auf die Ohren. Das können Vorher-Nachher-Beispiele aus der Audio-Nachbearbeitung sein oder Anleitungen für Technisches wie Schnitt oder Montage. Achten Sie also immer auf das Icon der SmARt Haufe App am Seitenrand. Dann gibt's was zum Hören bzw. online zum Nachlesen.

Bestnote – der begleitende Podcast zum Buch

Ein besonderer Mehrwert sind die **Bestnote-Interviews** mit anderen Podcast-Anbietern aus dem Unternehmensbereich, die Sie ebenfalls mit der App SmARt Haufe abrufen können. Die Interviews enthalten wertvolle Insights und Praxistipps von professionellen Podcastern. Sie erfahren zum Beispiel, wie deren Schritte zum erfolgreichen Podcast waren, von der Strategieentwicklung bis zur Erfolgskontrolle.

Mit der App smARt Haufe gelangen Sie direkt zur begleitenden Podcast-Episode. In jeder dieser Episoden gibt es ein langes, ausführliches Interview zu einem Bestnote-Podcast, zum Beispiel mit Vertretern von DATEV, DAK Gesundheit, Hornbach, Tchibo, BayWa, Lufthansa Group oder Audi.

Weitere Inhalte, die Sie über das Buch hinaus abrufen können, sind Zusatzinfos, Listen, Plattformen, Dienstleister etc., die einer hohen Entwicklungsdynamik unterliegen, bei denen sich also im Lauf der Zeit viel ändert. Diese Inhalte finden Sie in den Online-Arbeitshilfen auf mybook.haufe.de – wo sie immer auf dem aktuellen Stand sind.

Und jetzt lassen Sie sich anstecken von meiner Audio-Lust.

Willkommen im Podcast-Wunderland!

1 Stand der Dinge – Wer hört, produziert, profitiert (von) Podcasts?

Und alle so: »Yeah, Podcasts!« 2019 war wohl das große Jahr der Podcast-Wiederauf-erstehung in Europa. Wie es dazu kam und wer bzw. was diesen Trend befeuert, das erfahren Sie in diesem Kapitel. Inklusive einer Einschätzung: Trend oder Tonne, ist das nachhaltig oder kann das weg?

Neben der Faszination, die das Geschichtenhören seit jeher für die Menschen hat, sind es wohl eher technische Fortschritte, die zum neuen Podcast-Boom geführt haben. Vor allem, wenn man Podcasts/Audio mit Videos vergleicht, sind die Pro-Audio-Argumente klar:
* kleine Datenmengen, dadurch auch mobil überall abrufbar, also hörbar
* jederzeit und dank Smartphone und Kopfhörer auch bei anderen Tätigkeiten zu genießen, beim Joggen, Bügeln, Auto- oder U-Bahn fahren
* Audio ist meist (über WLAN) downloadbar und kann dadurch auch offline gehört werden
* geringer Produktions- und Zeitaufwand, niedrigeres Budget

»Na, jetzt mal ehrlich …«, denken Sie? »Es wird ja wohl auch Nachteile bei Audio geben?«. Natürlich, zusammengefasst wären das:

Audio lässt sich nicht nachlesen, der Hörer kann nicht zurückblättern. Es eignet sich also nicht zur Vermittlung komplexer, detaillierter Informationen mit vielen Zahlen, Daten und Fakten. Audio ist also eher ungeeignet für Erklär- und ausführliche Wissensformate. Und: Wenn Sie augenscheinlich visuelle Themen adressieren wollen, wird Video die bessere Wahl sein. Wer mit Farben, Licht, Grafiken und Bildern arbeitet, wird wohl eher etwas zeigen wollen.

1.1 Kleine Geschichte des Podcasts – Die zwei Wellen

Es ist ein »Podcast«! Etwa 2004 kam dieses neue Medien-Baby auf die Welt. Der Name ist ein Kofferwort aus **pod** (play on demand) bzw. **iPod** und dem englischen **Broadcast**. Schöpfer ist der britische Autor und Journalist Ben Hammersley.

Apples Musik-Plattform iTunes war für den ersten großen Podcast-Boom verantwortlich, erst in den USA, dann auch in Europa. In iTunes gab es einen großen Bereich für kostenlose Podcasts, mit Charts und Kommentar- und Bewertungsfunktion – und plötzlich war das Hören von Sprache, waren erzählte oder vorgelesene Geschichten das coole neue Ding. Wer in den iTunes Charts auftauchte, der war wer in dieser neuen Audio-Welt.

Befeuert wurde die erste Welle in den USA von den dort traditionell beliebten nicht kommerziellen *public radios*. Sie wurden 1967 vom Gesetzgeber als Gegengewicht zu den kommerziellen Radios eingerichtet und seitdem staatlich bezuschusst. Die vielen einzelnen *public radios* in den US-Bundesstaaten sind lose im »National Public Radio« (NPR) verbunden – und tauschen dort ihre Inhalte und Programme aus. So kommt das NPR insgesamt, in den Hauptsendezeiten, auf fast 15 Millionen Hörerinnen und Hörer.[2] Im NPR-Umfeld entstanden die ersten großen Podcast-Produktionen wie »This American Life« oder »Serial« und befeuerten weltweit die erste Podcast-Welle.

Abb. 3: iTunes von Apple hat Podcasts in der Welt bekannt gemacht (Quelle: Medienproduktion München/Apple iTunes)

---

2   Quelle: Wikipedia, 2018, Eintrag »National Public Radio«.

1.1.1 Definition – Podcast, was ist das?

In den USA entwickelte sich schnell eine recht klare Definition, was ein »Podcast« ist und was nicht. Im Prinzip gilt diese Definition bis heute:

- Ein Podcast ist eine seriell angelegte Audio-Serie, es erscheinen in regelmäßigen zeitlichen Abständen aufeinanderfolgende Episoden.
- Ein Podcast ist mittels eines RSS-Feeds (eine Art Online-Adresse) und eines Feedreaders/Podcatchers abonnierbar und wird automatisch bei Erscheinen einer neuen Episode auf das jeweilige Abspielgerät übertragen.
- Ein Podcast ist kostenlos und auf diversen Plattformen anhör- und abonnierbar, von denen (Stand Mitte 2020) die bekanntesten Spotify, Google Podcasts, Apple Podcasts, Soundcloud oder Deezer sind.

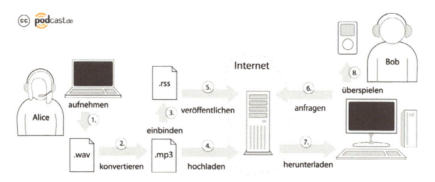

Abb. 4: Was ist ein Podcast? Erklärung des technischen Prinzips auf dem ersten deutschen Podcast-Hosting-Dienst podcast.de, ca. 2005 (Quelle: podcaster.de)

Nach dieser Definition sind Audiodateien ohne RSS-Feed, ohne Abo-Funktion, streng genommen keine Podcasts. Allerdings: Schon in der ersten Welle wurde das Wort Podcast als Gattungsbegriff für »Audio-Beitrag im Internet« verwendet. Und dieser Geist geht auch nicht mehr zurück in die Flasche. Daraus folgt eine wichtige wie auch für Marketer schwierige Erkenntnis: Was ein *echter* Podcast ist, ist lediglich über die Drei-einigkeit der technischen Aspekte definiert: RSS-Feed – Serie von Audio-Beiträgen – abonnierbar.

Darüber hinaus ist das Podcast-Universum undefinierbar vielfältig. Es podcasten Privatpersonen wie auch Freiberufler oder große Unternehmen. Es gibt sehr gute, mittelprächtige und abgründig schlechte Podcasts. Es gibt Podcasts an verschiedenen Stellen im Internet, meistens kostenlos, manchmal als Abo. Und inhaltlich ist sowieso alles möglich, was als Audio-Beitrag umgesetzt werden kann, vom Monolog bis zum aufwändigen Hörspiel. Eine riesige kommunikative Spielwiese ohne klares, einheitliches Bild oder gar klare Kennzahlen und Studienergebnisse. Gerade für Marken,

Unternehmen, Marketingexperten mag das eine schwierige Vorstellung sein. Aber dazu soll dieses Buch ja dienen: Wo ist Ihr sinnvoller Platz auf dieser Spielwiese, wenn Sie podcasten wollen?

Eine Antwort darauf ergibt sich, wenn wir den Bogen etwas weiterspannen. Lassen Sie mich zunächst erklären, wie alles so kam, wie es heute ist.

1.1.2   Die Pioniere der ersten Welle ab 2004

Im deutschsprachigen Bereich war die erste Welle eher eine Sache der privaten, der Hobby-Podcaster. Jeder konnte zum Sender werden und viele wurden das auch: mit wenig Aufwand, aber viel Sendungsbewusstsein. Aber auch im Unternehmens- bzw. im Corporate-Bereich gab es einige Pioniere, die in dem neuen Audio-Medium eine kommunikative Chance sahen. Einige »Funktürme« dieser ersten Welle waren:

- Die BASF, die mit dem »Chemie Reporter« Alltagsfragen aus dem Bereich Chemie beantwortete – die 100 (!) Episoden lassen sich immer noch downloaden, da zeitlos: https://www.basf.com/global/de/media/multimedia/podcasts.html
- Mercedes-Benz erzielte mit dem Mixed-Tape-Podcast einen großen Erfolg bei den Fans elektronischer Musik – die Episoden wurden bis zu 150.000 Mal pro Woche heruntergeladen.[3]
- Viele Einzelunternehmer unterstrichen durch Podcasts ihre Expertise im jeweiligen Bereich, Alexander Wunschel etwa mit dem »Blick über den Tellerrand« im Bereich Marketing/Podcasting oder Hans-Jürgen Walter von »Abenteuer Leben«, der schon damals eine Plattform für Coaching-/Beratungs-Podcasts gründete.
- Die »Großmutter« aller Corporate-Podcasts auf Meta-Ebene war »The American Family« vom US-Elektrogerätehersteller Whirlpool. Hier ging es keineswegs um die Geräte des Unternehmens, sondern um Familienthemen – von Adoption über Schwangerschaft bis Geschenktipps zum Valentine's Day.

Und natürlich rochen Radio- und Fernsehsender den Duft des Erfolgs – von Tagesschau über Comedy bis Wissenschaft im Deutschlandfunk: Sie flanschten an ihre Radio- und TV-Beiträge einen RSS-Feed und fanden damit in der Zweitverwertung weitere Zuschauer und Hörer.

---

3   Quelle: Web 2.0, Marketing und Medien, Walsh/Hass/Kilian, Springer, 2011.

Abb. 5: In der deutschen Ausgabe von iTunes tummeln sich 2006 nur noch wenige US-Angebote, dafür bereits viele deutsche Medienunternehmen – und mit dem oben erwähnten »Mixed Tape« ein Corporate-Podcast auf Platz 1. Das wäre heute eher nicht mehr möglich.

Interessant finde ich den »Long Tail«-Aspekt beim BASF-Podcast. Der Chemie-Riese setzte damals auf zeitunabhängige Wissensthemen, ließ aufwändig und professionell produzieren und profitiert noch heute davon.

Das also möge ein erster Strategie-Tipp sein: Wer auf zeitlose Themen setzt, schafft sich mit einem Podcast ein Audio-Denkmal im Internet – mit Nicht-Verfalls-Garantie.

Warum die Welle nicht bis heute anhielt? Ohne Smartphones als mobile »Allzeit-überall-Geräte« und größeren Bandbreiten waren die Hörer- oder Download-Zahlen vor allem für Corporate-Podcasts annehmbar bis enttäuschend. Sowohl für die große Reichweite als auch für spitze Zielgruppen waren die Verbreitungswege noch suboptimal. Es entstand eine lebendige und begeisterte Podcast-Subkultur, davon abgesehen schaffte es das Medium aber nicht in die breite Öffentlichkeit. In der Zeit von 2004 bis 2010 pubertierte der Podcast noch, heute ist er erwachsen!

1.1.3   Die zweite Podcast-Welle ab 2017

»Das kommt wieder, glaub mir, das kommt auf jeden Fall wieder!«

Immer und immer wieder sprach mein Mann Frank sein Mantra zur Renaissance von Podcasts. Geglaubt habe ich ihm nicht so richtig. Aber er hatte Recht: 2015 erweiterten Spotify und Deezer ihre Musik-Streamingdienste um Podcasts. Aus den USA kamen Berichte über Podcasts mit mehreren Millionen Aufrufen. Und spätestens 2017 las ich auch in Deutschland die ersten »Podcast ist das heiße neue Ding!«-Artikel. Was für ein Déjà-vu. Aber diesmal wurde mit ganz anderen Zahlen hantiert. Es hatte sich zwischenzeitlich einiges geändert, technisch wie gesellschaftlich.

Dann kam: »Serial«! Und der Corona-Virus. Kein anderer Podcast aus den USA wurde von 2014 an auch in Deutschland so kultisch verehrt und als Vorbild gefeiert. »Serial« war der Grundton für ein neues Erzählformat: 45 Minuten lange Episoden, nach Storytelling-Grundsätzen entwickelt, chronologisch von einer Erzählerin präsentiert, aufwändig produziert mit Musik, Atmo, Geräuschen, Interviews und Originaltönen der Beteiligten. Dazu ein packendes Thema: Verbrechen! Echtes Verbrechen!! »Serial« begründete ein neues Podcast-Top-Format: True Crime.

Was war an »Serial« so atemberaubend? Die Fans exquisit produzierter Hörspiele oder Features der öffentlich-rechtlichen Radiosender in Deutschland fielen vermutlich nicht vom Stuhl. Aber unter der Überschrift »Podcast« und in den Ohren einer breiteren Masse war das neu und aufregend:

Baltimore, 1999. Die Schülerin einer High School wird ermordet. Einer ihrer Mitschüler wird für die Tat verurteilt. Doch es bleiben Zweifel. Sitzt der Richtige im Gefängnis? In der ersten Staffel von »Serial« beleuchtet die Journalistin Sarah Koenig in 12 Episoden dieses Verbrechen von allen Seiten. Und sie tut das sehr intensiv, persönlich. Hier ist kein »olympischer Erzähler« im Einsatz, der neutral und von oben herab doziert. Sarah Koenig spricht zu uns Hörern, aber auch mit sich selbst. Sie zweifelt, sie gibt sich nahbar, unsicher, menschlich. Das war dann doch einigermaßen neu.

340 Millionen Mal wurden die Episoden der ersten beiden »Serial«-Staffeln bis Herbst 2018 aufgerufen, ein Podcast-Weltrekord.

Im Rahmen von Corporate-Podcasts ist »Serial« sicher kein Vorbild, das eins zu eins umgesetzt oder gar kopiert werden sollte. Aber es empfiehlt sich durchaus, in die erste Staffel reinzuhören, um ein Gefühl für die intensive Erzählweise zu bekommen. Wer Lust hat: Einfach im Netz nach »Serial, Staffel 1« suchen.

Abb. 6: Die Moderatorin und Executive Producer von Serial, Sarah Koenig (ganz links), nimmt 2015 den Peabody Award entgegen. Daneben Mitglieder des Teams von Serial: Julie Snyder, Dana Chivvis, Emily Condon, Cecily Strong und Ira Glass (Quelle: flickr, Peapody Awards, Creative Commons, Attribution 2.0)

Corona-Podcast als akustisches Lagerfeuer

Eine andere Zäsur für das Medium Podcast war/ist sicher die Corona-Krise. Das tägliche »Coronavirus-Update« des NDR mit dem Charité-Virologen Prof. Christian Drosten entwickelte sich rasant zum zentralen, bundesweiten Informationsmedium. Seriös und unprätentiös erklärte der Mediziner und Wissenschaftler Hintergründe und Entwicklungen. Und das ganze Land hörte zu, wann immer Zeit war. Zum ersten Mal wurde ein Podcast zum zentralen akustischen Lagerfeuer in einer Krisensituation. Und zum ersten Mal gewann ein Podcast eine derartige inhaltliche wie gesellschaftliche Bedeutung. Die Folge: Jede Zeitung, jeder Radiosender, jeder Psychologe, jeder Coach entwickelte einen »Corona-Podcast«.

Aber nicht zuletzt dadurch wurde das Medium, das Prinzip »Podcast«, endgültig einer breiten Öffentlichkeit bekannt.

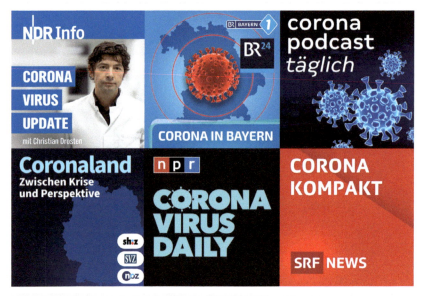

Abb. 7: Corona-Podcasts – das Trendmedium im Krisenjahr 2020

1.2   Zahlen, Daten, Fakten aus dem Podcast-Universum

Podcast-Beziehungsstatus: Es ist kompliziert

Weil der Podcast gerade erst der Pubertät entwachsen ist, ist er noch ein bisschen bockig. Er gibt nicht gleich alles preis, was Medienforscher und Marketing wissen wollen. Die Studienlage, die Messgrößen und Kennzahlen, ist noch nicht so umfang- und aufschlussreich wie bei anderen Mediengattungen. Aber auch das wird rasant besser. Immerhin: Aus repräsentativen, methodisch sauberen Feldstudien wissen wir, ob und wie viele Menschen Podcasts kennen, schätzen oder auch angeben, sie zu hören.

Beim Versuch, die Lage zusammenzufassen, beschränke ich mich auf den deutschen Markt. Denn für den werden die meisten von Ihnen produzieren wollen. Außerdem: Durch die rasend schnellen Entwicklungen in diesem Bereich kann alles Gedruckte auch nur eine Momentaufnahme sein. In den Online-Arbeitshilfen auf mybook.haufe. de bekommen Sie jederzeit eine aktualisierte Info/Auflistung mit den wichtigsten, aktuellen Kennzahlen zum Podcast-Markt in Deutschland. Hier die allerwichtigsten im Überblick:

Im Frühjahr 2020 verzeichneten die fleißigen Podcast-Zähler von »My Podcast Reviews« den weltweit millionsten Podcast! Und das sind nur die, die auf Apple Podcasts gelistet sind.[4] Spotify wiederum verzeichnet allein in seinem deutschen Angebot rund 22.000 Podcasts (Frühjahr 2020, eigene Angabe).

Aber wer sind sie und wenn ja wie viele, diese Podcast-Hörer?

Suchen Sie sich die Zahlen aus, die Ihnen gefallen. Es gibt einige: **2019** hören rund **neun Millionen** Deutsche Podcasts mindestens einmal im Monat. Überdurchschnittlich hoch ist die Nutzung bei den unter 50-Jährigen und bei Menschen mit formal hoher Bildung. Die Zahl der regelmäßigen Podcast-Nutzer ist von 2018 auf 2019 um ein Drittel gestiegen.[5]

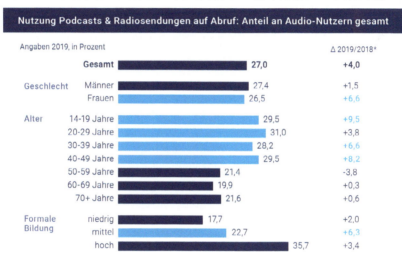

Abb. 8: Übersicht Podcast-Nutzung 2019 aus dem Online-Audio-Monitor des Bundesverbands digitale Wirtschaft (BVDW) e. V.

- **41 % der Deutschen** hören mehr oder weniger regelmäßig Podcasts. Bei den 19-bis 24-Jährigen sind es sogar 68 %.[6]
- **Jeder fünfte** Deutsche nutzt Podcasts **mindestens monatlich**.[7]

---

4   Quelle: MyPodcastReviews.com/stats, courtesy of the My Podcast Reviews service, by Daniel J. Lewis.
5   Quelle: Online Audio Monitor 2019, Bundesverband digitale Wirtschaft (BVDW) e. V., 7.500 Befragte.
6   Quelle: Deloitte Media Consumer Survey, 2.000 Befragte, März 2020.
7   Quelle: ARD/ZDF Online, Online-Studie 2019.

- **Jeder Vierte** Deutsche (26 %) hört **regelmäßig** Podcasts, in der Zielgruppe 16 bis 29 Jahren jeder Dritte.[8]
- **2020 wird jeder Dritte** in Deutschland Podcasts hören, dank der Integration von Podcasts in den Google-Suchergebnissen.[9]

Weitere Versuche, den »Homo Podcast« zu katalogisieren:
- Der typische Podcast-Hörer ist männlich (55 %), hört am liebsten am Abend zu Hause auf dem Sofa oder unterwegs, beliebteste Themenbereiche sind Nachrichten, Politik und Wissen, bei den unter 30-Jährigen eher Unterhaltung.[10]
- 43 % hören Podcasts bis zum Schluss, weitere 26 % hören »das meiste des Podcasts«.[11]
- Podcast-Nutzer sind gut ausgebildet, 43 % haben einen höheren Schulabschluss und 33 % besitzen sogar einen Universitätsabschluss. Das sind 27 % mehr als im bundesdeutschen Durchschnitt. Sie leben vorwiegend in einem urbanen Umfeld (55 %).[12]

Und: Podcasts hören ist für viele eine Art von Eskapismus, Flucht aus dem Alltag. Die Burda-Marktforschungstochter Media Market Insights und das Institut Rheingold Salon haben 2020 die psychologischen Motive untersucht, warum Menschen Podcasts hören. Ergebnis: Podcasts werden in Übergangsphasen gehört, auf dem Weg zur bzw. von der Arbeit, beim Putzen, Bügeln, Sport, vor dem Einschlafen. Die Hörer kommen in einen »gedanklichen Schwebezustand« und lassen sich auf eine »phantasievolle und entspannende Reise« ein, wie es in der Studie heißt.[13]

Was heißt das in absoluten Zahlen?
Was hat denn der einzelne Fisch im Podcast-Meer an Hörern, Downloads, Aufrufen? Hier halten sich die meisten Anbieter vornehm zurück, vor allem die von Unternehmens- bzw. Corporate-Podcasts. Aber aus eigener Erfahrung kann ich einen Durchschnittswert geben: Ein Unternehmens-Podcast mit 5.000 Downloads pro Episode ist ein guter Erfolg. Sind es 15.000 ist das hervorragend. Das große Dickschiff im Podcast-Meer, das Spotify-Original »Gemischtes Hack«, kommt auf eine Million Hörerinnen und Hörer wöchentlich.[14]

---

8   Quelle: Bitkom/Podcasts 2019, Studie mit rund 1.000 Befragten.
9   Quelle: Goldmedia, TrendMonitor 2020.
10 Quelle: youGov Analyse 2019.
11 Quelle: Infinite Dial Germany 2019, Edison Research & RTL.
12 Quelle: Deezer Whitepaper, Global Web Index, Umfrage unter 2.000 Internetnutzer, 2017 bis Q3 2018.
13 Quelle: »Podcast – Gehörte Freiheit«, Media Market Insights, rheingold salon, 2020 – https://www.burda.com/de/news/mit-podcasts-der-krise-entschweben/
14 Quelle: Meedia, Print-Ausgabe, April 2020.

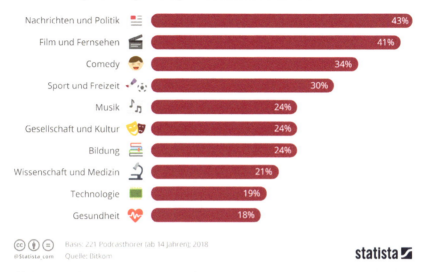

Podcasts: Diese Themen interessieren die Deutschen
Anteil der Befragten, die angeben, folgende Podcastthemen zu hören

Nachrichten und Politik	43%
Film und Fernsehen	41%
Comedy	34%
Sport und Freizeit	30%
Musik	24%
Gesellschaft und Kultur	24%
Bildung	24%
Wissenschaft und Medizin	21%
Technologie	19%
Gesundheit	18%

Basis: 221 Podcasthörer (ab 14 Jahren); 2018
Quelle: Bitkom
@Statista_com

statista

Abb. 9: Untersuchung des Branchenverbandes Bitkom zu den Hauptinteressensgebieten von Podcast-Hörern 2018 (Quelle: Statista, Bitkom, CC)

Soweit ein paar Beispiele für den Anfang – mehr zu Messgrößen, Währungen und KPIs bei Podcasts erfahren Sie in Kapitel 8.

1.3 Die wichtigsten Spieler auf dem Markt

»Unseren Podcast gibt es überall, wo es Podcasts gibt.«

Aha. Wo ist »überall«? Und wer ist Produzent und Anbieter und wer ist nur Schaufenster? Es ist auch hier nicht einfach. Das Spielfeld »Podcasts« ist groß und unübersichtlich, mit Spielern unterschiedlichster Art und Taktik. Aber gehen wir es Spieler für Spieler durch – inklusive der jeweiligen Taktik, die dahintersteckt:

Aktive Spieler – Podcasts produzieren und veröffentlichen

Aktive Spieler sind diejenigen, die einen Podcast produzieren und veröffentlichen. Hier begegnen wir wieder einer Podcast-Besonderheit: *Jeder* kann einen Podcast produzieren, es gibt keine Zugangsbeschränkungen und keine Gebühr für die Veröffentlichung. Eine erste Kategorisierung hatte ich in der Einleitung gemacht, in Hobby-Podcaster, Autoren-Podcaster und Corporate-Podcaster. Auf dem riesigen Spielfeld agieren Nischen-Podcaster wie Kakteen-Experten oder Angler, unzählige Dienstleister, Coaches mit ihren Beratungs-Podcasts und nicht zuletzt Radiosender oder

Verlage mit aufwändig produzierten Storytelling-Podcasts. Dazu kommen Marken, Unternehmen, Organisationen mit ihren jeweils völlig unterschiedlichen Kommunikationszielen.

Die Anzahl und Art der Taktiken ist ebenfalls breit gefächert. Auch hier ein erster Versuch der Kategorisierung:

- **Werbefreie, kostenlose Podcasts** mit strategischem Ziel: Aufmerksamkeit für mich, meine Themen, mein Unternehmen, meine Dienstleistung. Hier zusätzlich mit Sponsoring oder Werbung zu »stören«, wäre kontraproduktiv. In diese Kategorie fallen alle Corporate-Podcasts wie auch die von Solopreneuren oder Organisationen und Vereinen.
- **Kostenlose, aber mit Sponsoring/Werbung versehene Autoren-Podcasts**, die ihren Produzenten eine Einnahmequelle ermöglichen. Autoren bzw. Produzenten können dabei sowohl Privatpersonen als auch Medienunternehmen oder Podcast-Plattformen sein. Hier zählt entweder eine möglichst große Reichweite oder eine klare Zielgruppe, die eine entsprechende Vermarktung möglich macht (dazu mehr in Kapitel 9).
- **Kostenpflichtige, weil exklusive »Podcasts«**, die sich hinter Abo-Bezahlschranken verbergen, um mehr Zuhörer zu einem Abo zu bewegen. Anbieter hier sind Audioplattformen wie Audible, Podimo oder FYEO. Nach reiner Podcast-Dreieinigkeitslehre sind das keine Podcasts, weil sie keinen RSS-Feed haben und nicht frei abonnierbar sind.

Abb. 10: Jeder kann, jeder darf – das Trendmedium Podcast hat thematisch alle Nischen erreicht, von A wie Angler bis Z wie Zebrafische

Passive Spieler – Podcasts hörbar machen

Passive Spieler sind diejenigen, die Podcasts hörbar machen. Auch hier ist die Spielwiese riesig und uneinheitlich. Es gibt große, frei zugängliche Audioplattformen wie Spotify oder Apple Podcasts, es gibt Podcast-Apps, Podcast-Verzeichnisse und nicht zuletzt unzählige einzelne Blogs oder Websites, auf denen Podcasts zu hören und zu abonnieren sind. Und es gibt natürlich das »eierlegende Wollmilch-Google«, das auf allen Spielwiesen vertreten sein will: Beim Google-Podcast-Manager kann jeder seinen Podcast anmelden – und sollte das auch, aus SEO-Gründen. Zusätzlich bietet Google statistische Auswertungen, die zum Beispiel auch die Ein- und Ausstiegspunkte der Hörer erfassen.

Das Podcast-Universum zeichnet sich dadurch aus, dass aktive und passive Spieler zusammenwirken. Wer aktiv einen Podcast produziert, sollte ihn deswegen nicht nur auf der eigenen Website darstellen, sondern eben auch auf den Spielwiesen der Plattformen. Nur dann ist die Voraussetzung für eine größere Reichweite garantiert.

Wenn Sie dieses Buch lesen, werden Sie vermutlich aktiver Spieler werden wollen. Dazu sollten Sie wissen, wo Ihr Podcast präsent sein sollte. Deswegen folgt auf den folgenden Seiten eine Beschreibung der passiven Spieler – jeweils mit einer Einschätzung, wie wichtig dieser Spielplatz vor allem für Corporate-Podcaster ist.

1.3.1   Die Musik- und Audioplattformen

iTunes/Apple Podcasts, Deezer oder Spotify sind als Musikabspielstationen gestartet, haben sich aber auch zu wichtigen Podcast-Plattformen entwickelt. Allen voran Spotify investiert gerade viel Geld in Technik und Personal. Für 230 Millionen Dollar hat sich der schwedische Konzern die Podcast-Unternehmen Gimlet, Anchor und The Ringer einverleibt. Bei der Menge der angebotenen Podcasts haben die Schweden den Rivalen Apple überholt, bei den Marktanteilen liegen die beiden Platzhirsche Spotify und Apple mit je rund 35 % gleichauf.[15] Dahinter reihen sich mit großem Abstand Soundcloud und Deezer ein.

Und was macht der Podcast-Pionier Apple? Der hatte zwischenzeitlich ziemlich den Anschluss verpasst. Zur Zeit der Entstehung dieses Buches raunte die Podcast-Branche lediglich, auch Apple suche nach Konzepten und Produzenten für exklusive »Original-Podcasts«.

---

15   Quelle: Auswertung zebra-audio.net/Podigee, 2020.

Die Taktik der Musik-Streamingdienste ist klar: Der Nutzer soll auf der jeweiligen Platt-form bleiben und nicht etwa bei der Konkurrenz Musik hören. Die kostenlos verfügba-ren Podcasts sind hier nur der Köder, letztlich sollen die Nutzer ein kostenpflichtiges Premium-Abo abschließen für noch mehr Service und Inhalte. Und natürlich sollen dort auch Podcasts irgendwann vermarket, also mit Werbung versehen werden. Für die Podcast-Macher ist das ein zweischneidiges Schwert: Einerseits sorgen die Platt-formen für Reichweite – wer gehört werden will, kann auf Spotify und Co. kaum ver-zichten. Andererseits: Dass die Podcast-Macher als Köder für neue Kunden dienen, wird ihnen nicht vergütet. Das kann sich allerdings schnell ändern.

Warum sind Podcasts so wichtig für Spotify und warum investiert das dänische Unter-nehmen so viel? Über diese Fragen habe ich mit Saruul Krause-Jentsch von Spotify gesprochen. Das Interview lesen Sie am Ende dieses Abschnitts in Kapitel 1.3.6.

Eine Ausnahme von der Regel sind exklusive Podcasts, die die Plattformen selbst pro-duzieren (lassen) und entsprechend finanzieren. Bei Spotify, FYEO und Deezer heißen sie »Originals«, beim Nur-Podcast-Dienst Podimo sind es »Exclusive Shows«.

Die Bedeutung dieser Spieler für Autoren- und Strategie-Podcaster: Wichtig! Da Cor-porate-Podcasts so viel Reichweite brauchen wie möglich, sollten sie auf allen öffent-lichen Plattformen vertreten sein, auf jeden Fall auf Spotify, Apple Podcasts, Google Podcasts, Deezer und Soundcloud (mehr dazu in Kapitel 6.4). Wer einen Vertrag zur Produktion eines »Exklusiv-Podcasts« bekommt, kann sich glücklich schätzen, denn die werden üblicherweise gut bezahlt.

Abb. 11: Podcasts auf Google, Spotify, Deezer (von links nach rechts)

1.3.2   Plattformen der Verlage und Medienhäuser

Auch Verlage und die großen Medienhäuser wollen das Potenzial der Audio-Fans abschöpfen, die Radiosender sowieso. Wer also mitspielen will, eröffnet seine eigene Plattform für Audio-Inhalte. Auch hier wieder: entweder als reine Zweitverwertung/ Verlängerung bereits gesendeter Inhalte oder mit eigens im Haus produzierten Podcasts. Die wichtigsten Plattformen:

AudioNow (RTL Radio, Bertelsmann Content Alliance)
Audio-Verlängerungen bekannter Formate, von GZSZ bis Bachelor, aber auch die (kostenlosen) Produktionen aus den ARD-Anstalten oder von Stern, Spiegel Online oder New York Times und anderen Verlagen.

Ströer Gruppe, T-Online
Auf T-Online.de erweitert das Medienhaus nach und nach die (kostenlosen) Eigenproduktionen. Das geht vom täglichen »Tagesanbruch« des T-Online-Chefredakteurs bis zu diversen Sport-Podcasts unter anderem mit Stefan Effenberg.

FYEO (For Your Ears Only, ProSiebenSat.1)
Plattform plus App mit zwei Bereichen: Im offenen Bereich gibt es kostenlose Podcasts, unter anderem Audio-Verlängerungen der Eigenproduktionen und jeweils eine »Schnupper-Episode« der Podcasts aus dem Exklusivbereich. Der kostet im Abo 4,99 Euro/Monat und bietet aufwändig produzierte »Audio-Blockbuster«, von True Crime und Fiction-Storys über Gesellschaftliches bis Mode, Freizeit und Sport.

Daneben gibt es natürlich die Media- bzw. Audiotheken sämtlicher Radiosender mit ihren Podcast-Centern.

Die Bedeutung dieser Spieler für Strategie-Podcasts: eher unwichtig bzw. bleibt abzuwarten. Die Plattformen der Medienhäuser haben eher ihre eigenen Marken und Inhalte im Fokus. Für Autoren-Podcaster lohnt es sich aber, bei den Plattformen Konzepte für exklusive Podcasts/Originals einzureichen. Zwar sind sie im Fall des Falles an die jeweilige Plattform gebunden – werden aber größtenteils gut bezahlt.

Abb. 12: Die deutsche Podcast-Landschaft, Versuch eines Überblicks in grafischer Form (Quelle: Podstars)

1.3.3   Podcatcher und Podcast-Apps

Damit der Podcast in die Ohren der Hörer kommt, braucht es eine technische Schnittstelle, die den RSS-Feed ausliest und den Podcast auf das Abspielgerät bringt. In den meisten Fällen sind das Apps, die man sich aufs Smartphone lädt. Beispiele für solche Apps sind Pocket Casts, Overcast, Podcast Addict oder AntennaPod.

Sowohl unter Android wie auch iOS sind außerdem eigene Podcast-Apps vorinstalliert. Sie haben allerdings kaum Extrafunktionen wie Kapitelmarken-Unterstützung oder die Möglichkeit, sich mit anderen Apps zu synchronisieren. Ein Podcatcher ist insofern der technische »Dosenöffner«, um Podcasts überhaupt hören zu können. Er ist aber auch ein Hilfsmittel, um Podcasts zu finden und auf dem Smartphone zu verwalten.

Im Prinzip sind auch Google, Spotify, Soundcloud, Apple Podcasts oder die Apps anderer Plattformen wie AudioNow oder Podimo technisch gesehen Podcatcher. Wer sie auf dem Smartphone installiert hat, bekommt die dort gelisteten Podcasts zu hören. Aber eben »nur« die.

1.3.4   Podcast-Verzeichnisse, Aggregatoren, Kuratoren

Hilfe, wo finde ich einen Podcast zu meinem Lieblingsthema? Die meisten Podcatcher oder Plattformen haben entweder eine Suchfunktion oder eine Unterteilung nach Kategorien. Es gibt aber auch ein paar Anbieter, bei denen man plattformübergreifend suchen kann, hier eine Übersicht:

- **podwatch.io** – Ranking/Hitliste von Podcasts unterteilt nach Kategorien, speist sich aber nur aus den Zahlen von Apple Podcasts
- **fyyd.de** – riesiges Verzeichnis für die Suche nach Podcasts, gegliedert in Haupt- und Unterkategorien bzw. nach Stichworten
- **listennotes.com/de** – Suche nach Stichworten
- **swoot.com** – App, auf der man anderen Nutzern folgen kann und sieht, welchen Podcast sie gerade hören

Für einige wenige Themengebiete gibt es auch eigene kuratierte Verzeichnisse:
- **wissenschaftspodcasts.de**
- **meinsportpodcast.de**
- **99podcasts.de**

1.3.5   Podcast-Vermarkter

Jetzt mal in die andere Richtung gedacht: Werbung in Podcasts. Was in den USA schon ein Millionenmarkt ist, ist in Deutschland gerade im Aufbau. Seit 2017 hat die Vermarktung von Podcasts Fahrt aufgenommen. Alle großen Radio-Vermarkter bespielen das Thema: Die Sales & Services GmbH für die ARD-Anstalten (ASS) bzw. für die Formate der Podcast-Produzenten Viertausendhertz oder detektor.fm. Die RMS wiederum vermarktet die Produktionen der Privatradios oder für andere Interessenten auf Anfrage. Weitere auf Podcasts spezialisierte Vermarkter sind unter anderem: zebra-audio.net, podstars.de, podvertise24.de, Audiomy.com/de, disome.de.

Welche Bedeutung hat das Thema Vermarktung für Autoren-Podcaster? Natürlich haben auch die Vermarkter ein Interesse an Podcasts mit interessanter bzw. klarer Zielgruppe. Deswegen lohnt es sich auch hier für Autoren, Konzepte einzureichen. Oder mit dem eigenen Podcast so erfolgreich zu sein, dass die Vermarkter darauf aufmerksam werden. Für Corporate-Podcasts empfiehlt es sich im Allgemeinen nicht, auch noch Werbung im Podcast zu schalten. Ein Corporate-Podcast ist ja meist selbst eine Kommunikationsmaßnahme, die letztendlich ein »werbliches« Ziel hat.

Da sich in diesem Bereich quasi täglich etwas ändert, haben wir die Liste der wichtigsten Spieler auf dem Podcast-Markt online gestellt – und aktualisieren sie ständig. Sie finden Sie nach dem Log-in auf mybook.haufe.de in den Online-Arbeitshilfen!

1.3.6   Experteninterview mit Saruul Krause-Jentsch (Spotify)

!   **Saruul Krause-Jentsch**

Saruul Krause-Jentsch ist Head of Studios GSA bei Spotify. Davor baute sie das Podcast-Label »Auf die Ohren« mit auf, das auch das gleichnamige Podcast-Live-Festival veranstaltet. Ihre Lieblings-Podcasts sind hauptsächlich Wissenspodcasts und Podcasts von Persönlichkeiten wie Comedians, Wissenschaftlerinnen und starken Stimmen wie Sam Harris oder Scott Galloway. Sie ist studierte Betriebswirtin und lebt in Berlin.

Doris Hammerschmidt: Haben Sie einen Überblick, wie viele Podcasts es – Stand Ende April 2020 – bei Spotify Deutschland gibt?

Saruul Krause-Jentsch: Ende April 2020 gab es weltweit über eine Million Podcasts auf Spotify, davon waren mehr als 30.000 Formate deutschsprachig.

Doris Hammerschmidt: Warum sind Podcasts so wichtig für Spotify?

Saruul Krause-Jentsch: Spotify ist der beliebteste Musik-Streamingservice der Welt und die führende Plattform für Audio-Inhalte in Deutschland. Unser Ziel ist es, in allen Ländern, in denen unser Angebot verfügbar ist, die besten Inhalte anzubieten und weltweit die führende Plattform für Audio-Inhalte zu sein. Podcasts spielen eine wichtige Rolle dabei, dieses Ziel zu erreichen. Bei Spotify sehen wir unsere Mission darin, das Potenzial menschlicher Kreativität freizusetzen, indem wir Künstlerinnen und Künstler – und dazu zählen wir auch Podcaster – die Möglichkeit geben, von ihrer Kunst zu leben. Und natürlich geht es uns darum, es Milliarden von Fans zu ermöglichen, diese Inhalte zu entdecken und sich davon inspirieren zu lassen. Ende April 2020 hatte Spotify über 286 Millionen Nutzer in 79 Märkten und wir schaffen eine starke Verbindung zwischen Creators und Fans, eine globale Gemeinschaft für gegenseitige Entdeckung und Inspiration. Aus unserer Sicht weist die Zukunft von Audio noch viel Potenzial auf. So wie wir auch die Entwicklung der Musikindustrie in den vergangenen Jahren erlebt und aktiv mitgestaltet haben, machen wir das auch für Podcasts. Auch hier beginnt die Weiterentwicklung des Genres mit Kuration, Entdeckung und Monetarisierung. Das alles möchten wir innerhalb unseres Services anbieten und für die Nutzer in der personalisierten Weise erlebbar machen, für die wir auch im Bereich Musik stehen. Dabei ist es uns wichtig, einen möglichst umfangreichen und diversen Katalog an Audio-Inhalten anzubieten und personalisierte, inspirierende Unterhaltung zu ermöglichen.

Doris Hammerschmidt: Viele Podcaster versuchen, so etwas wie »Fest & Flauschig« oder »Gemischtes Hack« zu machen. Was selten gelingt. Können Sie erläutern, was alles an Konzeption und Planung hinter diesen Formaten steckt. Das ist ja nicht einfach nur: zwei Leute, Aufnahme an, nach einer Stunde Stop drücken, fertig, oder?

Saruul Krause-Jentsch: Auch für Gesprächs-Podcasts mit zwei Hosts gilt, dass hinter den Kulissen eines solchen Formats sehr viel mehr Arbeit steckt, als es das Setup eventuell vermuten lässt. Dazu gehören zum Beispiel die Konzeption und die Redaktion des Formats, organisatorische Aufgaben, die Auswahl und Ansprache von Gästen, die Vereinbarung von Terminen sowie die Produktion inklusive Schnitt und Tonbearbeitung. Entscheidend für den Erfolg solcher Formate sind natürlich vor allem die Hosts, die das Mikro lieben und meist schon Erfahrung in den Bereichen Entertainment, Moderation oder Radio haben. Dadurch sind sie es gewohnt, natürlich und auf den Punkt zu sprechen und das Ganze leicht, locker und unterhaltsam zu gestalten. Das ist eine Kunst, die nicht viele beherrschen. Zwei weitere entscheidende Faktoren kommen hinzu, die mit Produktionsmitteln nur wenig beeinflusst werden können: das Zusammenspiel der Hosts sowie der langfristige Aufbau einer Community von »Fans«. Gerade bei einem Medium wie dem Podcast, das von vielen Hörerinnen und Hörern als sehr intim wahrgenommen wird, fühlen sich die Hörer häufig wie bei einem Gespräch mit Freunden. Fans von »Fest & Flauschig« haben das Gefühl, mit Jan und Olli auf der Couch zu sitzen und mit ihnen zu besprechen, was sie gerade so bewegt. Hörer merken sehr deutlich, dass die Chemie zwischen Jan und Olli, zwischen Tommi und Felix bei »Gemischtes Hack« oder zwischen Laura und Ariana bei »Herrengedeck« einfach stimmt. Das überträgt sich in lockere, ehrliche Unterhaltung. Diese Magie lässt sich nur sehr schwer steuern. Bei der Auswahl unserer Formate ist es uns daher wichtig, dass die besondere Beziehung der Hosts untereinander spürbar ist. Der zweite wichtige Faktor ist eine engagierte Community. Die Hörerinnen und Hörer unserer beliebten Original- und Exclusive-Formate erwarten die neueste Episode oft schon mit Spannung, fiebern mit und wollen sie direkt nach der Veröffentlichung um Mitternacht hören. Viele Hosts sind außerdem auf sozialen Medien in regem Austausch mit ihren Hörerinnen und Hörern und engagieren sich im Dialog zu Themen aus dem Podcast. »Gemischtes Hack« hat sogar mehrere Fan-Accounts, die rund um das Format Social-Media-Kanäle aufgebaut haben und dort Stellen, Zitate und Ähnliches zusammenfassen. Diese Nähe zu den Hörern ist sehr wichtig und sicherlich Teil des Erfolgsrezepts für einen sehr erfolgreichen Podcast.

Doris Hammerschmidt: Die erfolgreichsten Formate auf Spotify sind eher im Bereich Comedy/Unterhaltung zuhause. Wissen Sie von einen Unternehmens-/Corporate-Podcast, der eine anständige Reichweite hat?

Saruul Krause-Jentsch: Die erfolgreichsten Podcast-Genres auf Spotify sind Comedy, Nachrichten und Politik, Kultur, Wissen, Interviews sowie Kunst und Unterhaltung. Wir haben bei Spotify keine eigene Kategorie für Corporate-Podcasts. Es gibt einige gut gemachte Formate ohne stark werbliche Einfärbung wie »Die Zukunft ist elektrisch« von Audi, »Backup« von Lufthansa, »Electronic Beats Podcast« von Telekom in Deutschland oder »Extraordinaries on the Mic« von Cole Haan in den USA. Aber richtig reichweitenstarke Podcasts in diesem Bereich sind uns nicht bekannt.

Doris Hammerschmidt: Was können ambitionierte Podcaster tun, um ein »Original« bei Spotify zu werden?

Saruul Krause-Jentsch: Grundsätzlich sind wir für alle Vorschläge und Ideen für neue Formate offen und freuen uns über originelle Ansätze. Wir legen bei der Auswahl großen Wert darauf, dass die Themen spannend und neuartig sind, und achten auf eine sehr gute Produktionsqualität. Außerdem steht für uns die Diversität von Stimmen, Themen und Formaten im Vordergrund. Wer diese Kriterien erfüllt, kann uns gerne einen Podcast vorschlagen.

Doris Hammerschmidt: Gibt es – jenseits der Spotify Originals – Überlegungen, die Podcaster, die bei Spotify gelistet sind, irgendwie am Erfolg zu beteiligen und wenn ja, wie?

Saruul Krause-Jentsch: Wir vermarkten ausschließlich unsere eigenen Original- und Exclusive-Formate. Für alle anderen , die ihren Podcast auf Spotify bereitstellen, bieten wir die Plattform und überlassen ihnen die Möglichkeit, ihre Inhalte zu vermarkten.

1.4   Zukunft des Podcasts – Trend oder Tonne?

Hey, Glaskugel, sag was! Dieses Buch entstand im Frühjahr/Sommer 2020, Audio boomt, Podcasts schießen aus dem Boden wie Winterlinge bei den ersten Plusgraden. Ist der Boom nachhaltig oder bald wieder verblüht?

Aus mehr als 30 Jahren Erfahrung in Medien und Podcast-Produktion lasse ich mich zu folgender Prognose hinreißen: Der Podcast bleibt ein fester Bestandteil der Medienlandschaft! Denn: Smartphones als permanent präsente Audio-Devices werden bleiben. Schon jetzt hören 90 % der Nutzer Podcasts über ihr Smartphone.[16] Der neue Mobilfunk-Standard G5 und noch mehr Flatrate-Tarife werden das beschleunigen und vereinfachen. Und: Wir Deutschen hängen noch hinterher, was die Nutzung von Podcasts angeht. Da ist noch ein großes Potenzial nach oben!

Was stattfinden wird – wie in der ersten Podcast-Welle auch – ist eine Bereinigung. Ein Menge Spieler und Produzenten werden das Feld verlassen. Sei es, weil sie nicht die Geduld, das Know-how oder die Zeit haben, eine nachhaltige Podcast-Produktion aufrechtzuerhalten. Sei es, weil ihnen das Budget ausgeht oder ihre Erwartungen an das Podcast-Format unrealistisch waren und sie sich enttäuscht von diesem »Nischenmedium« abwenden.

---

16   Quelle: Auswertung von audio-zebra.net/Podigee 2019.

Wenn wir den Gartner Hype Cycle (Abb. 13) bemühen, befinden wir uns 2020 – hoffentlich – irgendwo beim Anstieg in Richtung Pfad der Erleuchtung:

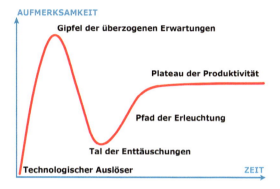

Abb. 13: Der Gartner Hype Cycle. Kreiert von der Gartner-Beraterin Jackie Fenn veranschaulicht er die Zyklen bei der Einführung von neuen Technologien (Quelle: Gartner/Medienproduktion München)

Sie haben es selbst in der Hand, den Audio-Trend mit Sinn und Verstand mitzugestalten oder ihn zu verpassen. Vor allem für Unternehmen, Organisationen etc. gilt das, was für deren andere Content-, PR- oder Marketingprojekte auch gilt: Ohne passende Strategie und professionelle Umsetzung ist auch das Trendmedium Podcast rausgeschmissenes Geld.

Einsteigen oder nicht einsteigen? Um Ihnen die Entscheidung zu erleichtern, habe ich die Glaskugel noch einmal gefragt: Komm, sag schon, es gibt bestimmt ein paar absehbare Entwicklungen, die den Trend festigen werden, oder? Sie hat mir ein paar genannt …

1.4.1   Trend 1: Verstärkung durch Audio-Suchfunktion

Lisa ist mit der Bahn auf dem Weg zu einer Freundin in der Nachbarstadt. Ihre Podcast-App hat die Fahrtzeit schon über das digitale Ticket auf ihrem Smartphone ausgelesen: 45 Minuten. Aus den Lieblings-Podcasts von Lisa sucht sie Episoden mit der passenden Länge aus. Und weil Lisa und ihre Freundin beide im Personalmanagement arbeiten, stehen Podcasts zu diesen Themen ganz oben. Woher die App das weiß? LinkedIn, Kalender, WhatsApp … Kinderspiel. Wollte Lisa jetzt noch weiter ins Detail gehen, müsste sie nur »Onboarding« tippen oder sprechen und die Audio-Suche wird ihr exakt die passende Stelle in der Podcast-Episode präsentieren, in der es um Onboarding geht.

Im Frühjahr 2020 ist dieses Szenario noch Zukunftsmusik. Aber die Technik dafür ist teilweise schon da oder wird gerade entwickelt. Sowohl Google als auch Apple oder

Anbieter wie Sounder entwickeln Suchfunktionen, mit denen im Internet nach passenden Audio-Inhalten gesucht werden kann. Über die reine Textsuche in Titeln oder Beschreibungen hinaus! Im Moment muss der Podcast meist als Transskript, also in Textform, vorliegen. Noch.

Google hatte 2019 sowieso schon einen entscheidenden Move gemacht: Podcast-Episoden zum gesuchten Thema werden seitdem prominent auf Seite eins der Suchergebnisse angezeigt – gleichberechtigt mit Text, Bild oder Video. Das Wort »Podcast« musste dazu aber zwingend in der Suche mitangegeben werden.

Vorbei! Der nächste Move klingt nach richtig dicker Hose: *»Our team's mission is to double the amount of podcast listening in the world in the next couple years«,* schrieb Google Podcast Product Manager Zack Redeau-Wedeen per Twitter. Das will der Digital-Gigant erreichen, indem seine Suchfunktion auch die Inhalte von Podcasts durchsucht, das gesprochene Wort also. Ohne Transskript, ohne »Podcast« einzutippen. Wer also wissen will, wie er seine Unsicherheit bei Verkaufsgesprächen überwinden will, tippt ein: »Unsicherheit bei Verkaufsgesprächen überwinden« und findet, zack: Eine witzig erzählte Podcast-Episode von einem Sales-Profi mit Tipps genau dazu. Dieser Such-Algorithmus könnte für Podcasts mit Spezial- und Nischenthemen ein gewaltiger Reichweitenverstärker sein im Vergleich zur jetzigen Situation.

Natürlich soll der Nutzer von da an die Google-Welt nicht mehr verlassen. Der Google Assistant (Android) leitet über in ein nahtloses Hörerlebnis. Das Ziel ist klar: Finger weg von anderen Podcast-Plattformen. Wir haben sie alle! Das würde die Podcast-Spielwiese verändern. Und natürlich vor allem Google nützen. Aber vielleicht auch den Podcast-Produzenten und Podcast-Fans, denn es würde vieles übersichtlicher machen.

!   **Weiterführende Links**

Weiterführende Links mit Artikeln über aktuelle Entwicklungen im Bereich »Audio-Search« finden Sie bei den Online-Arbeitshilfen auf mybook.haufe.de. Hier eine Auswahl:
https://www.rev.com/blog/apple-podcasts-transcript-search
https://sounder.fm/suite/pinpoint-audio-search

1.4.2   Trend 2: Verstärkung durch Smart Speaker und Voice-Marketing

»Hey Alexa/Google/Siri …, spiel einen Podcast über Vertriebssteuerung!« Möglich, dass auch dieses Szenario bald Realität werden wird. Bei Smart Speakern brauche ich nicht mal mehr auf dem Smartphone rumzutippen. Wahrscheinlich also, dass die Speaker das Podcast-Hören zu Hause vereinfachen werden. Einen ersten Hinweis darauf gibt eine Studie des Branchenverbandes Bitkom von 2019, in der 10 % der Befragten angaben, über ihre Smart Speaker Podcasts zu hören.[17]

Google bietet mit der Kombination Google Home (Speaker) und Google Assistant (App) eine praktische Synchronisierung. Wenn Sie einen Podcast in der U-Bahn, auf dem Smartphone, angefangen und gestoppt haben – dann können Sie ihn bequem zu Hause auf dem Google Home zu Ende hören. Und natürlich läuft das bei Apples HomePod im Prinzip ähnlich.

In Zukunft könnten die Speaker aber für Podcaster in einer weiteren Hinsicht interessant werden: Rufen Sie Ihre Hörer, Ihre Fans auf, Ihnen direktes Feedback zu geben. Das könnte dann direkt über den Smart Speaker geschehen. Per Sprachnachricht zum Beispiel übermitteln die Hörer, was sie vom Podcast allgemein oder von bestimmten Inhalten halten. So könnte eine viel größere Interaktion entstehen, als das im Moment der Fall ist.

Nicht zuletzt stehen die Werbevermarkter schon bereit, Smart Speaker oder Sprachassistenzsysteme für ihre Zwecke zu nutzen: Sie möchten die passende Werbung zum passenden Podcast ausspielen, dynamisch eingebunden und auf die individuellen Hörer zugeschnitten. Wenn diese dann noch Produkte »auf Zuruf« bestellen, die im Podcast erwähnt werden, ist das Glück der Vermarkter perfekt.

Tipp   !

Um auf Smart Speakern problemlos aufgerufen werden zu können, sollte Ihr Podcast einen kurzen, einfach zu merkenden Titel haben, der sich gut sprechen lässt. Verzichten Sie auf kryptische Abkürzungen oder Wörter, deren Aussprache nicht jedem klar ist. Und: Listen Sie Ihren Podcast auf TuneIn, das ist der voreingestellte Podcatcher auf Amazons Alexa (mehr dazu in Kapitel 6.1).

DIE WICHTIGSTEN ERKENNTNISSE AUS KAPITEL 1

- Audio wirkt nachhaltig und geht über das Ohr direkt ins Gehirn.
- Ein Podcast ist eine Serie von Audio-Beiträgen, die per RSS-Feed abonniert werden können.
- Die erste Podcast-Welle ab 2004 zündete noch nicht mangels Smartphones und Bandbreite.
- Das »neue« Podcast-Universum ist breit und dezentral aufgestellt mit unterschiedlichen Playern, die unterschiedliche Strategien verfolgen.

---

17   Quelle: Bitkom: Die Zukunft der Consumer Technology 2019.

- Es unterscheidet sich grob in aktive Player (Produzenten) und passive Player (Plattformen, Streamingdienste u. Ä.).
- Gründe für den neuen Podcast-Boom:
    - Hören per Smartphone, egal, wann und wo
    - größere Bandbreiten
    - Gegenbewegung zum »Snack-Content« in den Social Media
    - großes Engagement der Big Player Apple, Google und Spotify
- Algorithmen werden auch Audio-Inhalte nach Stichworten durchsuchen – neue Chancen, gefunden zu werden.
- Der Podcast-Boom ist 2020 in der Hochphase. Wer schlau und strategisch vorgeht, übersteht auch die Phase der Marktbereinigung.

2 Inhalte und Formate – Storytelling am akustischen Lagerfeuer

Das Prinzip des Storytellings kennt den Begriff »Logline« als Basis für jede gute Geschichte, die erzählt wird. Die Logline für dieses Buch wäre in etwa: Jemand möchte leidenschaftlich gerne einen durchdachten Podcast produzieren, ist aber überfordert von einem Berg an Informationen, überwindet den Berg, füllt die Wissenslücken und produziert einen Podcast – der in der Zielgruppe großen Erfolg hat.

Also, Rucksack geschnappt und los: In den Kapiteln 2 und 3 möchte ich mit Ihnen eine Bergtour machen, bei der wir Folgendes besprechen:
- Was an diesen unzähligen Podcasts im Netz ist eigentlich so toll?
- Gibt es feste Formate für Podcasts und welche sind erfolgreich?
- Wie bekomme ich diese irrsinnige Vielfalt heruntergebrochen auf mein Kommunikationsziel, meine Zielgruppe?
- Sind Podcasts ein geeignetes Kommunikationsmittel für meine Strategie und wenn ja, wie?

2.1 Stärke von Audio – vom Ohr direkt ins Gehirn

Es gibt zunächst einen fundamental wichtigen psycho-physischen Wirkungsmechanismus, der für alle Audioproduktionen gilt, egal ob Hörbuch, Radiobeitrag oder Podcast-Produktion:

> »Geht ins Ohr. Bleibt im Kopf.«[18]

Seit 2007 wirbt die Plattform der deutschen Radiosender, die Radiozentrale, mit diesem Slogan für das Werbemedium Radio. Der Slogan beschreibt mit einfachen Worten, was beim Hören im Kopf der Menschen vor sich geht, nämlich vereinfacht gesagt Folgendes: Bekommen wir nur Ton, aber keine Bilder vorgesetzt, macht sich das Gehirn eben seine eigenen Bilder: Es imaginiert das Gehörte, es verknüpft die Geschichten mit den eigenen gespeicherten Erfahrungen. Wenn wir Geschichten hören, sind wir kein passiver Empfänger, wir spielen mit. Und weil das Gehirn dabei so aktiv ist, bleiben diese Geschichten und Inhalte nachhaltig im Gehirn verankert. Diesen Mechanismus kennen viele Menschen nicht. Wir leben immer noch in einem bildersüchtigen Zeitalter. Netflix, Instagram, TikTok, Youtube – das Auge braucht Futter. Wenn es aber

---

18 Quelle: http://www.radiozentrale.de/aktuell/kampagne-pro-radio/radio-geht-ins-ohr-hintergrundinfos-auszeichnungen

um nachhaltige Wirkung auf Psyche und Körper geht, scheint Audio besser zu wirken. Dafür sprechen viele wissenschaftliche Erkenntnisse. Nur ein Beispiel:

Der Experimentalpsychologe Daniel C. Richardson vom University College London hat untersucht, wie Menschen physiologisch auf Geschichten reagieren: Herzschlag, Temperatur, Leitfähigkeit der Haut. Für seine Studie »Measuring narrative engagement / The heart tells the story« ließ er die Probanden Geschichten sehen – per Video – und Geschichten hören – per Audio. Die Teilnehmer selbst berichteten danach, die Videos hätten auf sie einen emotional stärkeren Eindruck gemacht. Ihre physiologischen Messwerte sprachen aber eine andere Sprache:

»Although participants self-reported greater involvement for watching video relative to listening to auditory scenes, they had stronger physiological responses for auditory stories including higher heart rates, greater electrodermal activity, and even higher body temperatures. We interpret these findings as physiological evidence that the stories were more cognitively and emotionally engaging when presented in an auditory format. This may be because listening to a story is a more active process of co-creation (i.e. via imagination) than watching a video.«[19]

Ein weiterer Effekt verstärkt die emotionale Bindung zwischen Hörer und Host/Moderator: Viele Tiere und auch wir Menschen bauen Beziehungen über die Stimme auf, lange bevor wir uns sehen bzw. erkennen. Wessen Stimme wir kennen, dem vertrauen wir, den integrieren wir fast schon in unsere Familie. Podcasts können diesen Effekt besonders gut nutzen, durch das Serielle, das Regelmäßige.

Für die Hörerinnen und Hörer wird der tägliche, wöchentliche, monatliche Podcast zum lieb gewonnenen Ritual, das so eine enge Beziehung zwischen Hörer und Moderator aufbaut. Voraussetzung natürlich: Die Gastgeber der Podcasts, die Moderatoren haben eine vertraute Ansprechhaltung und verstärken die Bindung durch vertraute, wiederkehrende Inhalte. Das kann das Intro sein, die immer gleiche Begrüßungsformel, feste Rubriken oder eine festgelegte Abschiedsformulierung wie: »Bleiben Sie neugierig!«

Vielleicht werden Sie mit einem Podcast keine 100.000 regelmäßigen Hörer bekommen, aber vielleicht ein paar Tausend treue Fans, für die er ein fester Halt, ein verlässlicher Partner ist. Hier geht Beziehungsqualität vor Quantität.

---

19   Quelle: Measuring narrative engagement: The heart tells the story. Daniel C. Richardson, UK, 2018, http://dx.doi.org/10.1101/351148. This research was commissioned and funded by Audible, UK.

2.2   Geschichten hören – Urform des Storytellings

Das Leben schreibt die besten Geschichten – eine Binsenweisheit! Aber eine, die es zu beherzigen gilt, wenn Sie Menschen nachhaltig beeindrucken oder emotional erreichen möchten. Denn nur dann wirkt Ihre Geschichte auch und ist nicht nach einem Tag wieder vergessen.

Denken Sie jetzt noch einmal an die nachhaltige Wirkung von Audio zurück – vom Ohr direkt ins Gehirn. Diese Wirkung plus die Kraft von Geschichten kann eine starke konzeptionelle Basis für einen erfolgreichen Podcast sein. Es lohnt sich deswegen, sich ein paar Methoden und Muster des Storytellings anzuschauen, die insbesondere für Audio-Geschichten wichtig sind. Dabei geht es nicht darum, jedes Kommunikationsziel zwanghaft den Storytelling-Regeln zu unterwerfen. Die Regeln im Hinterkopf zu haben, schadet aber nicht. Literatur, Musik, Film, Werbung – überall steckt Storytelling drin, warum also nicht in Podcasts. Denn: Je mehr Zutaten exquisit und schmackhaft sind, desto leckerer schmeckt der Kuchen doch, oder?

2.2.1   Heldenreise ins Ohr

Wir Menschen lieben Geschichten, die einem bestimmten Muster folgen, bestimmte Stationen haben. Diese Stationen beschreibt das Prinzip »Heldenreise« im Storytelling. Urvater der Heldenreise-Struktur ist der US-amerikanische Mythenforscher Joseph Campbell (1904-1987), der aber auch »nur« eine seit Jahrhunderten archetypische Form des Erzählens explizit herausgearbeitet hat: Ein Held (nennen wir ihn neutraler: Hauptperson) beginnt eine sprichwörtliche Reise. Die Stationen dabei sind (hier in einer von mir vereinfachten Version, weiterführende Literatur- bzw. Linkempfehlungen gibt es in den Tipps zum Nachlesen am Ende des Buches):

- Ruf des Abenteuers: Die Hauptperson spürt ein Verlangen nach Veränderung.
- Zweifel: Soll ich, soll ich nicht, was gebe ich auf, wenn ich gehe?
- Mentoren/Begleiter: Personen geben entscheidende Impulse.
- Aufbruch: Die Hauptperson entscheidet sich für das Abenteuer.
- Widerstände und Bewährungsproben: Probleme, Gegner, Unsicherheiten.
- Tiefpunkt/Konfrontation: Der entscheidende Moment – Aufgeben oder Weitermachen?
- Überwinden des Tiefpunkts: Die Reise steuert auf den Höhepunkt zu!
- Rückkehr: Die Hauptperson kehrt mit neu erworbenem Wissen oder Sicherheit in den Alltag zurück, er ist zu einer neuen Persönlichkeit gereift und wird von allen anerkannt.

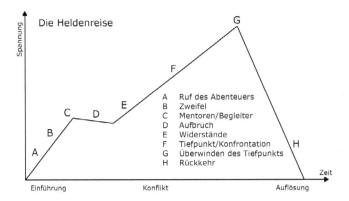

Abb. 14: Die Heldenreise in einer abgewandelten, vereinfachten Form. Ein universelles und zeitloses Prinzip, wie gute Geschichten erzählt werden

Diese Heldenreise werden Sie als Maschinenbauer, Rechtsanwältin oder Nahrungsmittelhersteller vielleicht nicht gleich mit ihrem Arbeitsalltag in Verbindung bringen. Aber versuchen Sie's doch mal mit ein paar Gedankenexperimenten:

- Die Entwicklung unseres letzten Produkts: Lief das nicht in Teilen ähnlich?
- Unsere Produkte oder Dienstleistungen: Helfen sie unseren Kunden auf ihrer Heldenreise, sind wir vielleicht die Mentoren/Begleiter?
- Meine Entwicklung oder die Historie unseres Unternehmens: Gibt es Parallelen zur Heldenreise?
- Als wir die neue Software eingeführt haben: War das nicht auch eine kleine Heldenreise? (interne Kommunikation)

Legen Sie die Stationen der Heldenreise wie eine Blaupause über Ihre (bisherigen) Kommunikationsmaßnahmen. Wo verstecken sich Geschichten um Aufbruch, Neugier, Erfindergeist, Widerstände überwinden, Tiefpunkte überstehen, Wiederauferstehung?

Die Stationen der Heldenreise helfen Ihnen, erzählerische und emotionale Geschichten innerhalb Ihrer Kommunikation aufzuspüren. Denn die Menschen lieben Geschichten vom Scheitern und vom Weitermachen – zumal, wenn sie von echten Menschen handeln und wenn sie direkt ins Ohr gehen.

2.2.2   Keine Angst vor Emotionen

Sie wollen Ihren bereits durch Marketing-, Rechts- und PR-Abteilung abgesegneten Newsletter vertonen und zum Podcast machen? Das können Sie tun. Aber dann schöpfen sie das Potenzial eines Podcast in etwa so aus, als würden Sie in einer Parallelstraße des Münchner Oktoberfests stehen, die gebrannten Mandeln riechen und sagen: »Reicht mir. Toll, dieses Oktoberfest.« Deswegen gilt auch hier ein Storytelling-Grundsatz ganz besonders: Holen Sie den Hörer emotional ab! Und emotional heißt nicht: »Heul doch!«. Emotionen decken die ganze Bandbreite menschlicher Reaktionen ab – und das sind nur die eher positiv besetzten: Freude, Überraschung, Interesse, Sympathie, Mitleid, Stolz, Vertrauen, Verliebtheit, Vergnügen, Wertschätzung, Glück, Erleichterung, Hoffnung, Befriedigung.[20]

Auch hier wieder ein Gedankenspiel: Durchforsten Sie Ihre Kommunikation, Ihr Unternehmens- oder Selbstbild nach dieser *einen* Emotion, die Sie gerne auslösen möchten, und überlegen Sie, wie sie diese Emotion als Leitmotiv in Ihrem Podcast verankern können:
- Könnte eine Podcast-Serie mit Erfolgsgeschichten Ihrer Kunden auch das Vertrauen in Ihr Produkt oder Ihre Dienstleistung widerspiegeln?
- Könnte eine Podcast-Serie über Mitarbeiter mit besonderen Hobbys die Neugier, die Innovationskraft Ihres Unternehmens transportieren?

2.2.3   Große Ideen und Meta-Themen

Sie haben *eine* Emotion für Ihr Podcast-Projekt definiert und eine Erzählstruktur mit Heldenreise gefunden? Wenn Sie jetzt noch eine große, übergeordnete, gesellschaftlich bedeutsame Idee finden – perfekt! Dazu gleich ein Beispiel aus den USA, das ich gerne verwende, einfach weil es so gut ist: Der Anbieter der Kommunikations-Software »Slack« produzierte 2017 den Storytelling-Podcast »Work in Progress« mit der Logline (Überschrift): »Behind every working human, there's a story«

---

20   Quelle: Ulrich Mees: Struktur der Emotionen 1991, Hogrefe.

Abb. 15: Der Podcast des Software-Anbieters Slack: Work in Progress (Quelle: Slack)

Die im Hauptteil der Podcast-Episoden präsentierten Menschen sind keine Slack-Mitarbeiter, sie nutzen die Software nicht zwingend, sie verbindet nur eins: Sie haben unglaubliche Dinge erlebt, während sie ihre Arbeit taten. Eine Radioreporterin ließ sich 48 Stunden lang in einen Eisblock einfrieren; ein 89-jähriger Rentner wird zum Star in einem Café; ein Bäcker mit Down-Syndrom muss erst das Gesetz brechen, um seinen Traum zu leben. Die einzelnen Episoden sind nach allen Regeln der Audio-Kunst produziert, unterhaltsam, abwechslungsreich, spannend, professionell. Slack bedient hier die Meta-Ebene, die Emotion »Leidenschaft!«. Das transportiert zunächst reines Image, reine Awareness im Sinne von: »Dir bedeutet Dein Job etwas? Dann sind wir Dein Partner!« Erst ganz am Ende einer jeden Podcast-Episode wird eine Kunden-Erfolgsgeschichte präsentiert, die dann auch noch – wenn der Hörer bis dahin dran bleibt – ins Slack-Eigenmarketing einzahlt.

Warum Slack diesen Aufwand betreibt? Julie Kim, Director of Content & Editorial bei Slack, sagte dazu:

»In the storytelling world the landscape is changing so much that good stories can come from anywhere. They can come from serious journalists and media outlets or inside companies like Slack. That is why I think it makes sense with certain program-mes to take a more general, mainstream audience approach, in addition to the targe-ted work that we do. The problem we are trying to solve is making the best stories we can and getting them to millions more people than we would be able to reach on our own through our existing network.«[21]

---

21   The Drum: How Slack is capitalising on the podcast renaissance (2017), https://www.thedrum.com/
     news/2017/01/10/how-slack-capitalising-the-podcasting-renaissance

Wenn Sie mehr über »Work in Progress« von Slack erfahren möchten, in den Tipps zum Nachlesen am Ende des Buches gibt es die entsprechenden Links!

Aber auch in Deutschland gibt es Beispiele für aufwändig nach Storytelling-Grundsätzen produzierte Corporate-Podcasts. Konkrete Beispiele finden Sie weiter unten in Kapitel 2.3.2 »Die große Geschichte« bzw. in der dazugehörigen Tabelle am Ende des Kapitels.

2.3 Welche Podcast-Formate gibt es?

»Kopieren heißt Kapieren« schreibt Werner T. Fuchs in seinem Buch »Crashkurs Storytelling« (siehe Abschnitt »Tipps zum Nachlesen« am Ende des Buchs). Gegen gutes Kopieren ist meiner Ansicht nach beim Thema Podcasting nichts zu sagen. Mindestens gibt das »Kopieren wollen« einen guten Weg vor, mit denjenigen Schritt zu halten, die bereits erfolgreiche, funktionierende Formate entwickelt haben.

Allerdings gibt es für Podcasts kein Nachschlagewerk, in dem alle Formate exakt beschrieben sind. Es darf ja jeder alles. Insofern ist auch meine Aufzählung nur ein Versuch, die vielen Podcast-Umsetzungsformen sinnvoll zu kategorisieren. Dabei unterscheide ich zunächst nicht nach Corporate- und Nicht-Corporate-Podcasts. »Format« ist ja etwas Übergeordnetes. Was ich aber gleich versuche: Ihnen eine kurze Einschätzung oder Ideen an die Hand zu geben, ob diese oder jene Umsetzungsform für Corporate-Podcasts geeignet ist. Ausführlicher gehe ich auf diese Frage im nächsten Kapitel 3 »Strategie« ein.

Eine Liste mit Vor- und Nachteilen der jeweiligen Formate und ausgewählten Hörbeispielen – möglichst aus dem Corporate-Podcast-Bereich – finden Sie am Ende des Kapitels.

2.3.1 Zwei Menschen reden über … Der Laber-Podcast

Mikrofon auf den Tisch oder online zusammengeschaltet, Aufnahme gedrückt und los! Der Laber-Podcast – so die fast schon offizielle Bezeichnung in der Podcast-Branche – ist das »Me too« unter den Podcasts, weil er wenig bis gar keine Vorbereitung bzw. kein Konzept braucht. Wer aber einen wirklich guten Laber-Podcast machen will, braucht Talent, Humor, Schlagfertigkeit und/oder etwas wirklich Relevantes zu erzählen.

Die »Godfather of Laber-Podcasts« sind wohl »Fest & Flauschig« und »Gemischtes Hack«, beide Spotify-Originals. Sie gehören zu den meistgehörten Podcasts – weltweit! Insofern: Der etwas despektierliche Name »Laber-Podcast« soll nicht darüber hinwegtäuschen, dass es sehr spannend oder lustig sein kann, einem, zwei oder mehr Menschen beim Reden zuzuhören. Nervig wird es, wenn zu viele Podcast-Poser gleichzeitig witzig sein wollen, sich permanent ins Wort fallen und dazu noch die Online-Verbindung knirscht und scheppert.

Wegen des geringen Aufwands ist der Laber-Podcast im Corporate-Bereich prinzipiell ein gutes Format. Besonders für Branchen oder Themen, die debattenintensiv sind: soziale Themen, Umweltthemen, politische Themen usw. Eine Krankenkasse könnte über die Zukunft der Gesundheitspolitik sprechen lassen, eine Umweltbank über ihre Projekte, eine NGO über das Für und Wider von Entwicklungshilfe. Eine gewisse Relevanz bzw. ein gewisses Niveau sollte allerdings nicht unterschritten werden, sonst leidet das Image.

Abb. 16: Der Laber-Podcast, das Lieblingsformat der wohl meisten Podcaster, ob Hobby oder Corporate

2.3.2   Die große Geschichte … Der Storytelling-Podcast

Eine Geschichte, erzählt wie eine Fernsehserie – dramaturgisch aufgebaut, nach allen Regeln der Storytelling-Kunst – Mit Spannungsbogen, Plot Points, Cliffhanger. Gibt es das überhaupt im deutschsprachigen Raum? Als Podcast? Als Nur-Podcast?

Bei den öffentlich-rechtlichen Radiosendern ist/war das Prinzip Storytelling in vielen Features oder Hörspielen immer schon ein gern angewandtes Prinzip. Bei »Nur-Podcasts« sind für die meisten der Aufwand und damit die Kosten zu hoch. Wenn wir also die »Podcasts« der Radiosender weglassen, wird es dünn. Trotzdem gibt es ein paar Leuchtturm-Projekte:

»Finding van Gogh« des Frankfurter Städel Museums

Die Ausgangssituation: Von Oktober 2019 bis Februar 2020 zeigte das Städel Museum die Sonderausstellung »Making van Gogh« zu dessen Mythos und der Bedeutung seiner Malerei für die Moderne in Deutschland. In der Ausstellung findet der Zuschauer auch eine leere Staffelei. Kein Bild darin. Die Geschichte dieses fehlenden Bildes wird in einem begleitenden Podcast in fünf Episoden erzählt: Wo ist das weltberühmte »Bildnis des Dr. Gachet«, das seit 1990 spurlos verschwunden ist? In einer Art »True Crime«-Story geht der Podcast-Host, ein Journalist, jeder noch so kleinen Spur nach. Bis er jemanden trifft, der … na, das müssen Sie sich selbst anhören.

»Backup«, ein fünfteiliger Storytelling-Podcast der Lufthansa Group. Eine hochprofessionelle hörspielartige Produktion über eine Frau, die ihr Gedächtnis verliert. Wer ist diese Stimme in ihrem Ohr? Kann sie ihr trauen? Ist ihr Vater wirklich ihr Vater? Es geht um Zukunftsthemen wie Künstliche Intelligenz oder Sprachassistenten – und um Vertrauen, Familie, Liebe. Meta-Meta-Storytelling sozusagen. Auch hier beschränkt sich das »Corporate« darauf, dass am Ende jeder Episode einmal »Lufthansa« genannt wird.

Warum die Lufthansa Group das gemacht hat? Das unter anderem habe ich Sonja Seipke von der Lufthansa Group gefragt. Das Bestnote-Interview zum Buch können Sie hier direkt anhören, wenn Sie das folgende Bild mit der App SmARt Haufe scannen.

Abb. 17: Interview mit Sonja Seipke (Lufthansa Group)

2.3.3   Fachgespräch mit … Der Interview-Podcast

Der Interview-Podcast gehört zu den beliebtesten Formaten, weil es die Frage beantwortet: Wie bringe ich Informationen/Wissen zum Thema X unter die Leute, ohne mich selbst mit Fachwissen vollstopfen zu müssen? Ganz einfach: Ich suche mir einen Experten dafür. Das ist dann schon etwas aufwändiger, weil ich Gesprächspartner organisieren muss und die technische Frage zu klären ist, wo bzw. wie das Interview stattfindet. Fahre ich hin und interviewe meinen Experten vor Ort? Oder schalte ich uns per Online-Conferencing oder mit ähnlichen digitalen Tools über das Internet zusammen? (Mehr dazu im Kapitel 4)

Auch hier ist Talent als Fragesteller bzw. Vorwissen in Sachen Interviewtechnik nicht von Nachteil. Selbstredend sollte der oder die Expertin keine Schnarchnase sein. Schlauerweise sucht man sich dann noch Gesprächspartner, die selbst gut vernetzt und aktiv auf den Social-Media-Kanälen sind. So sorgt der Interviewpartner auch für die Verbreitung des eigenen Podcasts.

Im Corporate-Bereich ist der Interview-Podcast ebenfalls eines der brauchbarsten Formate, weil wenig aufwändig und eine gute Gelegenheit, spezifisches Wissen in die Zielgruppe zu bringen. Entsprechend gibt es hier bereits viele Beispiele (siehe Tabelle am Ende des Kapitels).

Über die App smARt Haufe kommen Sie hier direkt zum Bestnote-Interview mit Falk Oelschläger, Leiter Strategisches Marketing bei der DAK-Gesundheit. Die Krankenkasse produziert den Podcast »Ganz schön krank, Leute«. Ein Podcast, in dem Moderator und Psychologe René Träder über Gesundheit, Gesellschaftliches und Familie spricht. Scannen Sie einfach das folgende Bild mithilfe der App.

Abb. 18: Interview mit Falk Oelschläger (DAK-Gesundheit)

2.3.4   Image und Emotionen … Der Meta-Ebenen-Podcast

Eine passende Meta-Ebene zu finden und professionell zu bespielen, ist der heilige Gral des Corporate-Podcasts. Hier geht es rein um Imagepflege, Markenbindung, Kundenbindung. Nicht das Unternehmen, das Produkt oder die Dienstleistung an sich stehen im Vordergrund, sondern die große Idee, das »weiche Thema« dahinter. Im Neu-Marketing-Deutsch vielleicht: der Purpose!

Hier ist Abstrahieren gefragt:
- Wofür steht mein Unternehmen, meine Dienstleistung?
- In welchen größeren Zusammenhang ist es eingebunden?
- Mit welchem Meta-Thema möchte ich identifiziert werden?

Das erweitert einerseits die Zielgruppe und bringt meine Marke mit dem (positiv besetzten) Meta-Thema in Verbindung. Wobei das Unternehmen, die Marke mitunter im gesamten Podcast weder genannt noch thematisiert wird. Nur auf dem Cover und/oder in der Beschreibung wird klar, wer diesen Podcast präsentiert. Warum diese Bescheidenheit? Weil Podcasts in erster Linie Unterhaltung sind. Und mit einem gut gemachten Meta-Ebenen-Podcast biete ich Hörgenuss ohne Werbung, ohne direkte Beeinflussung – und schaffe mir doch subtil eine treue Hörerschaft als Marke, Unternehmen oder Organisation (vgl. Kapitel 2.2).

Auch das lässt sich im Corporate-Bereich am besten an konkreten Beispielen darstellen:

- **Anbieter:** Slack, Kommunikations-/Kollaborations-Software **Podcast:** »Work in Progress« (englisch)
  Meta-Thema: Unglaubliche Geschichten aus dem Arbeitsleben
- **Anbieter:** Gelo Revoice, Lutsch-Pastillen gegen Stimmprobleme/Heiserkeit **Podcast:** »Nie gehört – Der Podcast, der Dir eine Stimme gibt« **Meta-Thema:** Geschichten über Menschen mit skurrilen Jobs oder Hobbys
- **Anbieter:** Tchibo, Kaffee und Lifestyle-Produkte
  Podcast: »Fünf Tassen täglich«
  Meta-Thema: Tipps für einen nachhaltigen Lebensstil

Über die App smARt Haufe kommen Sie zu einem ausführlichen Interview mit Sandra Coy und Karina Schneider aus der Abteilung Corporate Communications von Tchibo. Im Bestnote-Podcast zum Buch erzählen sie, wie wenig es in dem Podcast um Kaffee geht. Scannen Sie dazu einfach das folgende Bild.

Abb. 19: Interview mit Sandra Coy und Karina Schneider (Tchibo)

2.3.5   Ich helfe Euch … Der Experten-/Köder-Podcast

Berater, Coaches, Einzelunternehmer, Autoren – für sie alle ist ein Podcast das perfekte Vermarktungsinstrument. Das läuft eigentlich immer nach dem Prinzip: Ich biete Häppchen meiner Expertise im Podcast und verweise auf meine Dienstleistung, meine Webinare, meine Online-Kurse etc. Das kann als Monolog funktionieren oder als Interview. In jedem Fall: Der Aufwand ist gering, aber die Wirkung mitunter enorm. Ein Grund, warum gefühlt Hunderte Lebensberater, Coaches und Motivationstrainer ins Podcasting eingestiegen sind. Beispiele finden Sie weiter unten in der Liste.

Abb. 20: Ideen, Rat und Lebenshilfe – vor allem die Berater- und Coachingbranche hat den Podcast als Marketingelement entdeckt

Über die App smARt Haufe kommen Sie hier direkt zu einem ausführlichen Interview mit Alexandra Gojowy zum Podcast der Achtsamkeits-App 7Mind. Die Besonderheit: Den gibt es schon seit 2017! Inhaltlich geht es um mentale Gesundheit, Familienthemen oder Zufriedenheit im Job. Scannen Sie einfach das folgende Bild.

Abb. 21: Interview mit Alexandra Gojowy zur Achtsamkeits-App 7Mind

2.3.6   Hey Fans ... Der Promi-/Personality-Podcast

Im Nicht-Corporate-Bereich sind das sicherlich die Podcasts mit größerer Reich-weite – dank Promi-Bonus. Wobei das »Promi sein« hier weniger das Format als die Klassifizierung für die Hauptperson im Podcast ist. Das Format kann dann wieder sein: Promi redet mit ... (Laber-/Interview-Podcast) oder Promi berät/hilft (Experten-/ Köder-Podcast) etc.

Für Unternehmen könnte es interessant sein, sich einen passenden Promi für den eigenen Podcast zu »buchen«. Ein Autohersteller einen Rennfahrer, ein Tierfutterher-steller einen prominenten Tierliebhaber, ein Pharma-Unternehmen einen Promi, der unter einer bestimmten Krankheit leidet (wenn er darüber sprechen möchte).

Abb. 22: Promi-Podcasts: Kontakt zu den Fans via Podcast bei gleichzeitiger Reichweitenverstärkung für die eigen Marke

2.3.7   Ist das spannend … Der True Crime Podcast

»Serial«, »In the Dark«, »Criminal«, »Undisclosed« – in den USA sind True Crime Podcasts bereits ein etabliertes Genre. Die deutschsprachige Podcast-Szene holt aber auf. Im Grunde geht es immer darum, einen wahren Kriminalfall nachzuerzählen – Vorgeschichte, Hintergründe, Verurteilung. Meist steht der oder die Kriminelle im Mittelpunkt.

Wenige produzieren hierzulande so aufwändig wie in den USA, mit Interviews, O-Tönen etc. Der sehr erfolgreiche »Verbrechen«-Podcast des ZEIT Verlags zum Beispiel ist ein Quasi-Monolog der ZEIT-Chefredakteurin Sabine Rückert, ab und zu unterbrochen von Zwischenfragen eines Kollegen. Etwas aufwändiger ist »Dunkle Heimat« des Podcast-Labels »lautgut« des Privatradios Antenne Bayern. Hier werden historische Kriminalfälle wie ein Sechsfach-Mord auf einem Bauernhof vor rund 100 Jahren beleuchtet (erste Staffel) oder der Mord an der Edelprostituierten Rosemarie Nitribitt (zweite Staffel).

Ist das Format True Crime Podcast für Corporate-Podcasts geeignet? Für Verlage, Medienhäuser auf jeden Fall, wie die genannten Produktionen zeigen. Grundsätzlich könnte das Format aber auch – etwas um die Ecke gedacht – auf Fachthemen übertragen werden, als »Detektivstory« zum Beispiel: Wie kam es zu Ereignis X, Produkt Y … wir verfolgen die Spuren. Die Historie großer Unternehmen oder Marken oder Erfindungen könnte doch eine akustische Spurensuche wert sein – auch wenn sich dabei niemand strafbar gemacht hat …

Abb. 23: True Crime Podcasts – Verbrechen zum Nachhören

2.3.8   Mit Mikrofon unterwegs … Der Reportage-Podcast

Das dürfte ein klassisches Format der Radiosender bzw. Medienhäuser bleiben. Denn ohne echte Expertise in Audio-Handwerkskunst bleibt die Produktion vermutlich weit unter dem Wow-Radar. Die Reportage an sich ist ja auch kein Podcast-Format, sondern ein Radio-Format, das eben auch als Podcast veröffentlicht werden kann.

Dennoch: Als Unternehmen könnten Sie einmal mehr überlegen, ob sich dieses Format sinnvoll einsetzen lässt: Gibt es außergewöhnliche Anwendungsbeispiele meines Produktes bei Kunden? Ist der Herstellungsprozess meines Produktes eine spannende Reportage wert? Habe ich Kunden oder Partner glücklich gemacht und lässt sich das als Reportage vor Ort nacherzählen? So oder so: Hier rate ich in jedem Fall, sich Audio-Profis zu holen, die das Projekt mit ihrer Expertise begleiten.

2.3.9   Ich arbeite gern hier … Der Recruiting-Podcast

Wohl eines der Inhalts-Formate, das sogar *nur* im Bereich Unternehmen/Organisationen sinnvoll ist. Meist ist die Zielgruppe klar und damit auch die Ansprechhaltung und das Kommunikationsziel: (Junge) Menschen für mein Unternehmen begeistern! Oder: Die eigenen Mitarbeiterinnen und Mitarbeiter begeistern, um sie zu Botschaftern für das eigene Unternehmen zu machen – dann eben als interner Podcast. Oder eine Mischform: Infos, Tipps, Unterhaltung für die eigenen Mitarbeiter, aber so interessant und neutral aufbereitet, dass sie einen spannenden Einblick ins Unternehmen auch für potenzielle neue Mitarbeiter geben.

Zielgruppentechnisch eine andere Variante ist der Recruiting-Podcast von Fachleuten für Fachleute aus dem Bereich Personal/HR. Auch hier gibt es bereits einige Beratungsunternehmen, Agenturen, Coaches, die Podcasts zum Thema anbieten und über Trends und praktische Anwendungsbeispiele sprechen (siehe Tabelle am Ende des Kapitels 3.2.4).

2.3.10   Angeln, Fußball, Heavy Metal … Der Nischen-Podcast

Butter bei die Fische, Angebissen, Fisch Ahoi … allein die Freunde des Angelsports haben sofort mehrere Podcasts am Haken, wenn sie nach »Angeln« und »Podcast« suchen. Von den Podcasts für die jeweiligen Sportarten – und da wiederum für die Fans einzelner Mannschaften oder Vereine ganz zu schweigen. Die Nische bringt's! Völlig klar, warum: Eine spitze Zielgruppe bei gleichzeitiger überdurchschnittlicher Begeisterung für das Thema. Da darf eine Episode ruhig eine Stunde dauern, erst recht, wenn die Zielgruppe sowieso lange und quasi bewegungslos an einem Fluss oder See sitzt …

Insofern ist die Nische auch hier weniger ein Format als eine Zielgruppenbestimmung. Es zählt nicht die große Reichweite, sondern das möglichst vollständige und punktgenaue Erreichen einer Zielgruppe. *Wie* das dann umgesetzt wird, ist dem Produzenten überlassen. Es gibt Laber-, Katzen- oder Strick-Podcasts oder Reportage-Angler-Podcasts.

Für Corporate-Einsätze ist wieder der »Blick um die Ecke« gefragt: Gibt es rund um mein Produkt oder meine Dienstleistung eine spitze, »nischige« Zielgruppe, die zu mir passt? Wenn Sie sich im Bereich Nachhaltigkeit, Gesundes, Bio verorten – warum nicht einen Podcast zum Thema »Kräuterkunde« anbieten? Sie sind im Bereich Zukunftstechnologien unterwegs? Vielleicht ein Podcast für E-Auto-Besitzer, egal welcher Marke. Da finden Sie mit Sicherheit technikaffine, meinungsstarke, großstädtische Entscheider, die Ihre Marke gegebenenfalls weitertragen.

2.3.11   Kommet her, schauet hin … Der Event-Podcast

Für regelmäßige Digital-Kongresse wie das »Online Marketing Rockstars Festival« (OMR), re:publica oder die »Digital Marketing Expo & Conference« (DMEXCO) sind Podcasts quasi verpflichtend. Sei es, um die eigenen Themen ganzjährig zu bespielen, damit man die Zielgruppe immer an Bord hat. Sei es zur reinen Nachberichterstattung, damit auch diejenigen etwas davon haben, die nicht vor Ort waren. Aber jeder Veranstalter, der über einen längeren Zeitraum Interessenten für sich gewinnen möchte, könnte über einen Podcast nachdenken: Museen, die länger laufende Sonderausstellungen haben. Jubiläen, die begangen werden wie »100 Jahre Bauhaus« oder das »Internationale Jahr der Krankenschwester und der Hebamme« (2020). Oder auch Musiker, Bands, Orchester, die auf langen Tourneen unterwegs sind. Wie spannend wäre es für die Fans, zwischendrin ein paar launige Storys zu hören. Überhaupt: Podcasts von Musikern auf Deutsch? Still, sehr still ist es da. Wer sich inspirieren lassen will, höre sich Robert Plants »Digging Deep« an (allein das Cover!).

2.3.12   Ich bin das Gesicht dazu … Der Live-Podcast

Eine Spezialität der »Nicht-Corporate-Szene«: Beliebte Podcaster gehen raus zu ihren Fans auf die Bühne und performen ihren Podcast live vor Publikum. Das wird dann aufgezeichnet und so entsteht wiederum eine neue Episode des Podcasts für alle. Das sind dann meist Laber-Podcasts, die auch live funktionieren, ohne zusätzliche O-Töne oder Ähnliches.

Manche, wie die Top-Podcaster von »Gemischtes Hack« gehen – ähnlich einer Band – auf Tournee mit ihrem Podcast. Inzwischen gibt es bundesweite Festivals mit Live-Podcasts. Die meisten werden von Radiosendern veranstaltet (z. B. podcastfestival. de), aber auch von engagierten Podcastern (z. B. »auf-die-ohren.com«).

Für die Teilnehmer und Zuschauer auf Podcast-Festivals dürfte es wenig Berührungspunkte mit Unternehmens-Podcasts geben. Dass sich die Macher des Tchibo- oder Daimler-Podcasts auf einem Podcast-Festival auf die Bühne setzen … nicht unvorstellbar, aber unwahrscheinlich. Das ist doch eher die Spielwiese der nicht-kommerziellen Podcasts.

2.3.13   Verlängerung … Die Podcasts der Verlage und Medienhäuser

Hier greift das Prinzip Cross-Marketing. Die Verlage verlängern die Themen aus den Print- oder Online-Magazinen auf die Audio-Schiene und verweisen im Podcast auf das Magazin und im Magazin auf den Podcast. In manchen Fällen werden die Podcasts auch vermarktet, also mit Werbung versehen. Hier ist der Podcast ein Marketinginstrument, um einen weiteren Kanal für die eigenen Themen zu schaffen, neue Zielgruppen zu erschließen bzw. eben neue Vermarktungsmöglichkeiten. Inzwischen haben fast alle Verlage mit ihren Print-Titeln oder Online-Töchtern einen Podcast. Die Radio- und TV-Sender sowieso.

Abb. 24: Ob Online-Portal, Zeitschrift, Zeitung oder Radiosender – Podcasts sind fast schon ein Muss!

DIE WICHTIGSTEN ERKENNTNISSE AUS KAPITEL 2

- Audio ist ein Bindungsmedium, seine größte Stärke ist die intensive und nachhaltige Verankerung in den Köpfen der Hörer.
- Die Kernsätze des Storytellings funktionieren seit Jahrhunderten und können aus Podcasts große Erzählungen machen.
- Es gibt keine Podcast-Format-Bibel, alles ist möglich. Aber es gibt Formate, an denen man sich orientieren kann.
- Wer einen Podcast produzieren möchte, sollte als Autor, Journalistin oder Erzähler denken.

3 Strategie – Dieses »Podcast«, das machen wir jetzt auch

Die Fotos für den Jahresbericht macht ein Super-Profi, aber das Podcast-Cover der Azubi aus dem Marketing? Den Imagefilm macht die Lead-Agentur in acht Monaten, aber das Podcast-Konzept soll in drei Tagen fertig sein? Selbst größere Unternehmen haben (oder hatten) mitunter einen tief liegenden Anspruch an ihre Podcast-Pläne – verglichen mit denen für einen Flyer, ein Video, eine Plakatkampagne. Warum sollte eine Serie aus jeweils 15-minütigen Audio-Beiträgen weniger anspruchsvoll und aufwändig sein? Machen Sie einen Fehler nicht: Starten Sie kein Podcast-Projekt nebenbei nach dem Motto: »Sollen sich die jungen Leute was ausdenken. Das boomt doch gerade so. Ausprobieren kann man's ja mal.«

An Umfang und Inhalt dieses Buches sehen Sie schon: Wer einen sinnvollen und nachhaltigen Podcast produzieren möchte, muss viele kleine Schritte mit Sinn und Verstand tun. Je überhasteter diese Schritte sind, desto eher gerät das Podcast-Projekt aus der Spur.

Das Kapitel 3 soll Ihnen dabei helfen, Ihre Podcast-Pläne auf Ernsthaftigkeit und Machbarkeit zu prüfen. Ist es wirklich sinnvoll, einen Podcast zu starten – und wenn ja, was für einen?

3.1 Was kann ein Podcast leisten und was nicht?

Wenn wir den Fokus auf Corporate-Podcasts legen: Welche Art von Kommunikationsinstrument ist ein Podcast eigentlich? Ist das Öffentlichkeitsarbeit, PR? Oder läuft das unter Content-Marketing? Oder ist das Journalismus? Tja. Hatte ich schon mal von der Uneinheitlichkeit des Podcasts- Universums gesprochen? Erneut gilt: Alles ist möglich. Sie entscheiden! Sie sind der Produzent, der Herausgeber, der Publisher.

Was ein Podcast nicht ist

Im Sinne eines Ausschlussverfahrens vielleicht ein wichtiges Argument dafür, was ein Podcast eher *nicht* ist: Er ist im Allgemeinen kein Marketinginstrument im Sinne von Lead-Generierung oder Kaufanreiz. Zunächst: Niemand abonniert freiwillig einen Podcast, der nur aus Werbung oder Marketinggesülze – Verzeihung – besteht. Außerdem können Sie hier den Medienbruch nur schwer überwinden: Was soll der Hörer Ihres Podcasts denn tun? Den Podcast abbrechen, um auf eine andere Website oder einkaufen zu gehen? Wollen Sie das? Oder soll er nicht doch lieber den Podcast zu Ende hören? Lassen Sie ihn den Podcast hören. Und den *einen* Call to Action, der Ihnen wichtig ist, können Sie ans Ende des Podcasts setzen – und natürlich auf die Landing-page zum Podcast, in die Shownotes, in die Beschreibung etc. (siehe Kapitel 5).

Deutlich formuliert: Den Gedanken »Oh, wie schön, der Kunde hört das in der U-Bahn, dann kauft er sich später bestimmt unser Produkt!« streichen Sie bitte aus Ihrem Gedächtnis. Okay, von dem Fall abgesehen, bei dem der Podcast-Hörer gerade vor dem Tchibo-Regal steht und gleichzeitig den Podcast des Unternehmens im Ohr hat …

Aber grundsätzlich gilt: Podcasts sollten sein – ich übertreibe bewusst: Die hohe Schule des Erzählens und kein billiges Marktgeschrei.

Aber, Trommelwirbel, keine Regel ohne Ausnahme! Dieses »Werbeverbot« gilt nur für B2C-Podcasts, die sich an Verbraucher wenden. Ein sinnvoller B2B-Podcast kann sich sehr wohl mit hilfreichen Storys, Tipps, Erzählungen aus der Unternehmenswelt an die eigenen Kunden wenden. Hier wird es aber eher um Kundenbindung gehen als darum, neue Kunden zu gewinnen. Beispiele für erfolgreiche B2B-Podcasts finden Sie in der Tabelle in Kapitel 3.2.4.

Ob B2C oder B2B: Bevor Sie also in die Strategiearbeit einsteigen: Denken Sie tenden-ziell wie ein Autor, ein Erzähler, ein Journalist – nicht wie ein Marketer, Werber, Verkäu-fer. Fangen Sie damit an, folgende Fragen zu beantworten:

- Was habe ich, was hat mein Unternehmen zu erzählen, und zwar regelmäßig?
- Was zeichnet mich, mein Unternehmen, mein Produkt, meine Botschaft auf einer Meta-Ebene aus?
- Gibt es eine besondere Unternehmenskultur, Markengeschichte, Historie?
- Was lieben meine Partner, Kunden, meine Zielgruppen, was begeistert sie?
- Welchen Nutzen – jenseits werblicher Aussagen – kann ich Podcast-Hörern bieten?

Letztendlich ist die entscheidende Frage:

- Welche unterhaltsame, übergeordnete Story mit konkretem Nutzen für die Hörer können Sie erzählen, die auf Ihr Kommunikationsziel einzahlt?

Sie merken schon: Wenn es denn eine Kategorie geben sollte, die auf Podcasts als Kommunikationsmittel passt, ist es wohl am ehesten das Content-Marketing.

Welche Effekte können Sie damit erzielen? Diese Fragen versuchen wir in den nächs-ten Kapiteln zu beantworten.

3.1.1   Imagebildung oder Kundenbindung – Stärke durch Nähe

Um es noch einmal kurz zu wiederholen: Podcasts können Werbung enthalten, sollten aber keinesfalls Werbung sein! Wegen der besonderen Nähe und Beziehung, die sie zum Hörer aufbauen können, eignen sie sich sehr viel besser zur Imagebildung oder zur allgemeinen Bindung an ein Unternehmen, ein Produkt, eine Organisation etc. Das stärkste Argument hierfür ist erneut: die serielle Erscheinungsweise. Podcast-Hörer sind treu, können zu echten Fans werden. Sie lassen sich eher zu Interaktionen, Feedback, Teilnahme verleiten, wenn ihnen Inhalte angeboten werden, die für sie einen Nutzen haben. Oder die einfach spannend und unterhaltsam sind.

Der gewünschte Effekt wäre: Ihre Podcast-Hörer werden zu Ihren Botschaftern, sie geben Ihre Geschichten weiter an andere, sie sind Influencer. Mission Kommunikationsziel erfüllt, jedenfalls schon mal eines: neue Bindungen, neue Botschafter.

Zusammengefasst, was ein Podcast leisten kann:
* intensive Bindung schaffen
* langfristige Beziehung aufbauen
* ein Vertrauensverhältnis etablieren
* Verlässlichkeit demonstrieren

3.1.2   Podcast als Themen-Archiv

Steigen wir noch einmal ins Thema Suchmaschinenmarketing ein bzw. in die Aspekte, die in Kapitel 1.4 aufgezeigt wurden: Spätestens seit Google auch Audio-Inhalte indexiert und prominent auf der ersten Seite der Suchergebnisse darstellt, müssen Sie eines bedenken: Mit einem Podcast investieren Sie – auch – in ein umfangreiches Content-Archiv im Netz, das bei guter Planung über viele Jahre Bestand hat! Die Episodenhaftigkeit sorgt wiederum für regelmäßige Kontakte. Im Optimalfall: Immer wieder neue Kontakte bzw. Hörer! Es ist ein bisschen wie bei der Instandhaltung des Kölner Doms – nur positiv: Wenn Sie vorne Folge 25 produzieren, steigen hinten bei Folge 1 immer wieder neue Hörer ein.

Und, ja: Selbst, wenn Sie eines Tages keine weiteren Folgen mehr produzieren, bleibt Ihr Podcast-Archiv online erhalten und generiert selbsttätig neue Hörer – ohne dass Sie irgendetwas dafür tun müssen. Vielleicht sind das nicht allzu viele, aber auch dieser Effekt bleibt über Jahre erhalten. Solange Ihre Haupt-Keywords nicht von einem anderen Podcaster bespielt werden, der mit aktuellen Inhalten und immer neuen Folgen punkten kann.

Auch auf den anderen Plattformen wie Spotify, Apple Podcasts etc. werden Sie nicht gleich als Podcast-Leiche enden, die niemand mehr findet. Über kurz oder lang werden natürlich auch dort aktuellere, frischere Formate übernehmen.

3.1.3   Selbst machen oder einen Dienstleister nehmen?

Wer moderiert, wer ist der Gastgeber in meinem Podcast? Das muss keine Mörderstimme aus dem Radio sein, das kann durchaus der Vertriebsleiter oder der Vereinschef sein. Je nach Strategie und Kommunikationsziel gilt auch hier: Je mehr Ihr Unternehmen, Ihr Produkt oder Ihre Idee für etwas Hochwertiges, Qualitatives steht, desto höher sollten Ihre Ansprüche an alle Schritte sein, die Sie bei der Planung, Produktion und Verbreitung Ihres Podcasts machen. Wer Luxusprodukte herstellt, sollte auch einen Podcast machen, der entsprechend luxuriös klingt. Wer auf Ingenieursleistungen Made in Germany setzt, sollte im Podcast nicht wie ein Anfänger klingen.

Ausgehend davon gibt es im Prinzip drei Möglichkeiten, den eigenen Podcast auf die Welt zu bringen, mit mehr oder weniger Unterstützung von Podcast-Profis:
*   Sie lassen sich zunächst in Workshops, Webinaren oder Seminaren direkt von professionellen Podcast-Produzenten oder Agenturen schulen – möglichst in allen relevanten Bereichen, wie sie auch hier im Buch abgebildet sind. Anschließend übernimmt eine extra dafür bestimmte Person (oder besser: Gruppe) bei Ihnen die weiteren Schritte, von Strategie bis Veröffentlichung.
    → Das ist die preiswerteste Variante, die aber viel Personal und Zeit erfordert.
*   Sie teilen den Workflow auf: Manche Schritte oder Dienstleistungen überlassen Sie externen Profis (z. B. Begleitung bei der Strategie/Formatentwicklung/Produktion), andere übernehmen Sie selbst (z. B. Zielgruppenfindung/Interviews mit den eigenen Experten/Reports, Statistiken) – und arbeiten in einem klar definierten Ping-Pong-Verfahren mit den externen Profis zusammen.
    → Das ist die mittelpreisige Variante, die Ihnen professionelle Begleitung sichert, aber auch eigenes Engagement erfordert.
*   Sie ermitteln Ihre Wünsche, Ziele und Expertise für einen Podcast und gehen dann alle restlichen Schritte gemeinsam mit den Podcast-Profis.
    → Diese Variante kostet natürlich, aber Ihnen bleibt viel Zeit für das normale Geschäft und Sie können (ziemlich) sicher sein, dass Sie ein Spitzenprodukt bekommen.

Auf die Variante »Das kann ja wohl nicht so schwer sein, machen wir alles selbst!« gehe ich hier nicht ein, weil sie meines Erachtens offenen Ohres in die kommunikative Katastrophe führt. Natürlich gibt es auch die Variante »Wir haben uns das Know-how im Laufe der Jahre selbst angeeignet und produzieren im eigenen Podcast-Studio mit fest angestellten Profis«. Ein Beispiel dafür ist der Podcast der DATEV eG, des IT-Dienstleisters für Steuerberater, Rechtsanwälte, Wirtschaftsprüfer. Wie DATEV diesen Podcast inhouse plant und produziert, darüber habe ich mit dem Leiter Corporate Publishing bei DATEV, Christian Buggisch, gesprochen. Über die App smARt Haufe kommen Sie direkt zum Bestnote-Interview im Podcast zum Buch. Scannen Sie dazu einfach das folgende Bild:

Abb. 25: Interview mit Christian Buggisch (DATEV)

3.2 Wie entwickele ich eine funktionierende Strategie

Eine gute Ausgangsfrage für Ihre Podcast-Strategie könnte sein: Was möchte ich meinen Hörern schenken? Wovon wären sie begeistert und wofür würden sie mir im Ausgleich ihre Aufmerksamkeit für eine längere Zeit schenken? Von da an gilt es, dieses Geschenk Ihren Zielen, Zielgruppen und den Voraussetzungen für Planung und Produktion anzupassen. Um erneut einen kritischen Punkt zu wiederholen: Ein erfolgreicher Podcast ist meist erfolgreich, weil im Vorfeld viele strategische Fragen beantwortet wurden und an vielen Stellschrauben gedreht wurde. Lassen Sie möglichst keine dieser Fragen und Schrauben aus. Deswegen folgt jetzt ein ganzes Schraubenregal. Wenn Sie mir bitte mit einem Schraubenzieher folgen möchten …

3.2.1   Wer ist meine Zielgruppe?

Es muss nicht die allererste Stellschraube sein, die sie drehen, sie bietet sich aber an: Schrauben Sie sich als Allererstes die passende Zielgruppe zurecht und bestimmen Sie anschließend das Kommunikationsziel. Von beidem wiederum hängt dann die Wahl des Formats, der Inhalte ab. Das wäre der vernünftige Weg. Da wir uns aber im Bereich Unterhaltung befinden: Scheuen Sie sich nicht, die Reihenfolge zu ändern. Wenn Sie gigantisch tolle Audio-Inhalte haben – etwa weil einer Ihrer Mitarbeiter ein begnadeter Entertainer oder Botschafter ist: Überlegen Sie sich einfach die passende Zielgruppe dazu.

Wo auch immer Sie zu schrauben anfangen, zur Zielgruppendefinition suchen Sie klassischerweise nach Menschen mit gleichen Lebens- oder Arbeitsumfeldern, Wünschen, Zielen oder Werten, wie sie Ihre Marke, Ihr Unternehmen, Ihre Produkte oder Dienstleistung vermitteln. Wo liegt die möglichst genaue Schnittmenge? Was für Menschen sind das? Wie leben sie, wie denken sie – und wie finden Sie sie?

Das Konzept der Personas kann hier hilfreich sein, also das Definieren von konkreten Personen aus meiner Zielgruppe; mit Namen, Hobbys, Werten und möglichst genau beschriebenen Lebens- oder Arbeitsumfeldern bis hin zur Definition, wie diese Person »tickt« und angesprochen werden will.

Personas, Zielgruppendefinition – all das ist im Marketing eine Welt für sich, die den Rahmen dieses Buches sprengen würde. Deswegen möchte ich hier auf andere Publikationen bzw. Nachschlagewerke verweisen. Worauf ich mich jetzt fokussieren möchte, ist einmal mehr die Besonderheit von Audio, Podcast.

Welche Zielgruppen erreiche ich mit der Kommunikationsform Podcast besonders gut?
Die erste Strategiefrage ist wohl: Gießkanne oder Skalpell? Masse oder Klasse? Reichweite oder Fachleute? Will ich möglichst viele Hörerinnen und Hörer erreichen und dafür auf eine spitze, genau definierte Zielgruppe verzichten. Oder will ich lieber einige wenige erreichen, aber dafür genau die, die ich brauche?

Gerade bei Corporate-Podcasts ist es oft nicht wichtig, wie viele Menschen zuhören, sondern *wer* genau! Qualität statt Quantität. Wenn Sie zum Beispiel teure Gewürze herstellen oder importieren, sollten die Einkäufer von Feinkostläden oder Online-Gewürz-Shops Ihren Podcast hören. Das sind vielleicht nur wenige Personen, aber wenn Sie genug davon als Hörer gewinnen, haben Sie das beste Kundenbindungsinstrument, das Sie haben können.

Sie können auch mal »um die Ecke« denken: Sie betreiben ein Franchise-Unternehmen für Bio-Nahrungsmittel? Wer könnte dann eine gute Zielgruppe für einen Podcast sein? Vielleicht Imkerinnen und Imker. Oder Wanderer. Naturverbundene Menschen eben, die Nachhaltiges aus einer unzerstörten Natur schätzen. Lassen Sie einen Podcast für diese Zielgruppe produzieren und treten darin »nur« als Sponsor oder mit einer kurzen Werbe-Einblendung am Anfang auf. Der Rest ist Mehrwert für eine klare Zielgruppe, die mit Ihrem Namen, Ihrer Marke auf Dauer verbunden ist.

Nächste Frage: *Wo* und wie finde ich meine Zielgruppe und wie sage ich ihr, dass ich einen Podcast habe? Ohne Eulen nach Athen tragen zu wollen – hier sollten Sie Ihre bisherige Kommunikation mit der Zielgruppe um den Aspekt »Wir haben jetzt auch einen Podcast!« erweitern. Und zwar jeder erdenklichen Form, vom Newsletter bis zur Facebook-Kampagne, vom Radiospot bis zur Online-Ad.

Ich habe Unternehmen erlebt, die einen vergleichsweise teuer produzierten Podcast in Auftrag gegeben haben – und ihn nicht mal auf der eigenen Website beworben haben, geschweige denn über andere PR-Aktivitäten. Als es dann keine magische virale Verbreitung gab und die Abrufzahlen entsprechend niedrig waren, war die Enttäuschung groß. Hätte nicht sein müssen …

3.2.2   Was ist mein Kommunikationsziel?

Gretchenfrage vorab: Lässt sich jedes Kommunikationsziel mit einem Podcast erreichen? Natürlich nicht. Wir hatten es einführend in Kapitel 3.1 »Was kann ein Podcast leisten« schon, aber es schadet nicht, das zu wiederholen. Durch ihre technischen wie inhaltlichen Besonderheiten eignen sich Podcasts eher nicht für:

*   Werbung
*   Abverkaufs-Marketing
*   kurzfristige Kommunikationsziele
*   detaillierte Wissensvermittlung

Stellen Sie sich stattdessen zunächst folgende Frage, um Ihr Kommunikationsziel auszuloten: Welches langfristige und nachhaltige Kommunikationsziel kann ich mit einem Podcast erreichen?

Mögliche **Kommunikationsziele** könnten sein:

*   Die Wahrnehmung von Unternehmen/Produkt/Dienstleistung x langfristig und nachhaltig steigern und die Bindung erhalten.
*   Das Image/die Einstellung zu Unternehmen/Produkt/Dienstleistung x langfristig und nachhaltig verändern/verstärken und/oder die Einstellung festigen.
*   Die Zielgruppe zu einer Aktivität bezüglich Unternehmen/Produkt/Dienstleistung x motivieren.

Dazu gleich ein paar **konkrete Ideen** für mögliche Kommunikationsziele:

- Ein Online-Wein-Portal macht durch Reportagen und Interviews zu übergeordneten Wein-Themen auf sich aufmerksam (ähnlich für: Kaffee, Zigarren, Spirituosen etc.).
- Ein in intensivem Wettbewerb stehendes Unternehmen macht mit einem schrillen Comedy-Podcast auf sich aufmerksam (Baumarkt, Reiseunternehmen, Möbelhäuser).
- Ein Podcast über Ökologie-Themen soll Unternehmen x mit dem Thema Nachhaltigkeit in Verbindung bringen und die Verbindung aufrechterhalten.
- Ein Podcast über Zukunftsthemen verknüpft Unternehmen x mit dem Image »Innovativ, modern, zukunftsorientiert«
- Cross-Content-Marketing: Zeitschriften, Online-Portale, Franchise-Unternehmen besetzen Thema x im Podcast und locken die Hörer zu ihren Publikationen, in ihre Läden etc.
- Dienstleister, Berater finden über den Podcast neue Fans und Kunden und leiten weiter zu ihrer Facebook-Gruppe bzw. zu ihrem Blog oder ihre Webinar-Serie.

Das Praktische an einem Podcast: Sie können Ihre Zielvorgaben mit jeder neuen Episode anpassen, optimieren, weiterentwickeln – oder auch ganz neu ausrichten. Vielleicht entwickelt Ihr Podcast eine völlig andere Dynamik, als Sie das gedacht haben. Seien Sie flexibel. Vielleicht bringen Ihre Hörer Ihnen Einblicke oder Wahrnehmungen, die Sie so noch nicht im Blick hatten.

Natürlich sollte letztendlich messbar, nachweisbar sein, ob das Kommunikationsziel erreicht wird. Auch, wenn Sie hier mal wieder Podcast-bedingt ein paar Abstriche machen müssen. Die reinen Download-Zahlen oder Abrufzahlen (vgl. Kapitel 7) sind sicher ein guter Indikator. Sie sagen aber qualitativ nichts darüber aus, wie Ihr Podcast-Hörer zu Ihnen, Ihrem Unternehmen, Ihrer Botschaft steht.

Je nach Ihrem möglichst konkret definierten Kommunikationsziel werden Sie selbst am besten wissen, wie Sie an belastbare Zahlen, Ergebnisse kommen. Die Besucherzahlen auf der Website, in Social Media oder im POS, im Laden vor Ort?

Eigene in Auftrag gegebene Umfragen bei der Zielgruppe erlauben ebenfalls Aussagen über eventuelle Veränderungen in Ihrem Image und der Wahrnehmung der Zielgruppe. Auch kann es sich lohnen, rund um den Podcast eine Community aufzubauen, um über Feedback, Kommentare oder Ähnliches valide Rückmeldungen von der Zielgruppe zu bekommen (vgl. Kapitel 6.5).

3.2.3 Wie komme ich an regelmäßige Inhalte für eine Serie?

Um noch einmal einen wichtigen Punkt aus der »Podcast-Dreieinigkeit« zu betonen: Ein Podcast ist ein serielles Medium, das episoden- oder sogar staffelbasiert ist. Das heißt nicht, dass Sie nie wieder mit der Produktion Ihres Podcasts aufhören dürfen. Auch hier ist wieder alles möglich: Eine Kurzserie von fünf oder sechs Folgen ist streng genommen kein Podcast … funktioniert aber auch.

Um einen Überblick zu bekommen, welche regelmäßigen Inhalte Sie bieten können, empfehle ich, dass Sie redaktionell, journalistisch denken:

- Welche Quellen, welche Anlässe gibt es, bei denen Audio-Inhalte entstehen können? Das können unternehmenseigene Ereignisse sein wie Vortragsserien, Events, Messen, Kongresse, Kick-off-Meetings, Incentives etc.
- Haben Sie regelmäßige Publikationen wie Newsletter, Kundenzeitschriften, Blogs, aus denen Sie entsprechende Inhalte extrahieren können, die sich für eine Audio-Umsetzung eignen?

Denken Sie aber auch nach »außen«:

Welche Ereignisse stehen allgemein bevor? Von Jahreszeitlichem wie Ostern, Sommerferien, Weihnachten über besondere Kalendertage, Jubiläen, Jahrestage, Sportereignisse etc. Inwiefern haben Sie hier inhaltlich etwas beizutragen, etwas zu erzählen? Hier helfen Ihnen Online-Verzeichnisse wie der »Kleine Kalender« oder terminvorschau.de (teilweise kostenpflichtig).

Denken Sie wenn möglich sogar aktuell, kurzfristig! Gibt es eine gesellschaftlich relevante Agenda, die Sie bespielen können. Haben Sie Inhalte, die einen Zusatznutzen bieten bei aktuellen Geschehnissen, Ereignissen, Debatten?

Überlegen Sie sich dann, was Sie sich zutrauen:

Vielleicht möchten Sie für den Anfang einen »Mal-Ausprobieren-Fünf-Folgen-Podcast« anbieten und dann je nach Erfahrungswerten eine zweite Staffel produzieren? Wenn Sie dann nach Staffel 1 aufhören (und das so kommuniziert haben) – Na gut, dann haben Sie eben eine erste Staffel produziert und hören dann auf. Kennt man von TV-Produktionen. Hört sich nicht wahnsinnig gut an, ist aber auch keine Kommunikationskatastrophe. Die fünf Folgen bleiben Ihnen als Archiv-Inhalte erhalten, einige Hörer werden sie auch nach Jahren noch finden.

Vielleicht reichen Ihre Inhalte aber auch für einen langfristig angelegten Drei-Staffel-Podcast mit jeweils sechs Episoden.

So oder so: Planen Sie großzügig! Je nachdem, wie aufwändig der Podcast zu produzieren ist: Starten Sie erst, wenn zwei bis drei Folgen bereits fertig sind, und produzieren Sie dann – möglichst entspannt – die nächsten Folgen.

So können Sie auch Zeiten abfedern, in denen doch mal andere kommunikative Dinge wichtiger sind. Aber vergessen Sie eines nicht: Ein Podcast wird mit jeder neuen veröffentlichten Folge bekannter, erfolgreicher. Hier ist die Quantität, die Regelmäßigkeit, durchaus ein wichtiger Faktor!

3.2.4   Wie finde ich das richtige Format?

Haben Sie schon einen Favoriten aus Kapitel 2.3 »Podcast-Formate«? Dann sind Sie schon einen Schritt weiter. Ansonsten gilt es auch an dieser Stelle wieder ein paar Fragen zu beantworten. Wobei es sinnvoll wäre, wenn Sie sich schon über Zielgruppe, Kommunikationsziel und Inhalte Gedanken gemacht haben. Jetzt geht es darum, mögliche Formate, also Umsetzungsformen, zu prüfen.

Dazu empfehle ich einen Schreib- und Bastel-Workshop mit dem gesamten Team, an einem großen Tisch. Das funktioniert für mich bei strategischen Gedankenspielen ganz wunderbar. In etwa so: Sie schreiben von den in Kapitel 2.3 gelisteten Formaten diejenigen, die Ihnen möglich bzw. sympathisch erscheinen, auf ein DIN-A4-Blatt, jeweils in die Mitte, gegebenenfalls dick und farbig. Jetzt sammeln Sie rund um diesen Format-Begriff Argumente bzw. Einschätzungen, ob und wie dieses Format zu Ihrer Zielgruppe, Ihren Kommunikationszielen, Ihren Inhalten etc. passt. Hier können Sie auch mit Post-its arbeiten, die sich auch wieder vom Blatt entfernen lassen, je nach Entwicklung der Diskussion. Folgende Fragen bzw. Ergänzungen könnten für den Prozess hilfreich sein:

- Dieses Format passt zu meiner Zielgruppe, weil …
- Dieses Format erfüllt mein Kommunikationsziel, weil …
- Für dieses Format kann ich optimale Audio-Inhalte bereitstellen, nämlich …
- Dieses Format passt vom Stil, von der Machart her zu meiner Strategie, weil …
- Kann ich dieses Format zeitlich und mit meiner personellen Ausstattung umsetzen?
- Kann ich bereits grob skizzieren, welche Aufgaben sich daraus für mich oder mein Team ergeben?

Glücklicherweise sind Sie nicht die Ersten, die vor diesen Abwägungen, vor diesen Strategie-Entscheidungen stehen. Es gibt ja Vorgänger, Vorbilder, Vormacher. Von ihnen hören bzw. lesen Sie nicht nur in unseren Bestnote-Interviews. In dieser Tabelle habe ich Ihnen alle wichtigen Formate mit ihren Vor- und Nachteilen zusammengefasst, ergänzt um ein paar Beispiele aus dem Bereich Corporate-Podcasts.

Format	Vorteile	Nachteile	Beispiele
Laber-Podcast	Wenig Aufwand Geringe Kosten	Ohne Talent/Konzept/ Expertise wenig erfolgversprechend	»Die lieben Nachbarn« – Energieunternehmen EWE/Oldenbourg »Auf Geldreise« – Finanztip
Interview-Podcast	Relativ wenig Aufwand. Je nach Gesprächspartner muss ich nicht selbst für Inhalte/Wissen sorgen, sondern hole mir das »frei Haus«. Gute Gespräche können sehr abwechslungsreich sein. Der Gesprächspartner macht meinen Podcast ebenfalls bekannt.	Ohne Budget für Reisekosten kann es technisch schnell schlecht werden (Telefon-O-Töne, schlechte Skype- oder sonstige Online-Leitung) Ohne Kenntnis in Interviewführung und Gesprächsaufbau kann es unprofessionell und/ oder schludrig wirken und dem Image eher schaden.	»Vitatalk« – PraxisVITA »Ganz schön krank, Leute« – DAK-Gesundheit »Deckel auf« – chefkoch. de
Meta-Ebenen-Podcast	Gutes Format für Imagebildung, Soziales, Purpose, weiche Themen Geeignet für Kundenbindung, Vertrauensaufbau	Funktioniert nur langfristig und mit guter strategischer Planung	»Work in Progress« – Slack »Nie Gehört« – Gelo Revoice »Fünf Tassen täglich« – Tchibo »Hallo Nachbar« – EWE Oldenburg
Promi-Podcast	Reichweitensteigerung durch Promi-Bonus Guter Imagetransfer mit passender Persönlichkeit	Risiko der Bindung an *eine* Person, bei Imageproblemen zieht es mit nach unten	»Mit den Waffeln einer Frau« – Barbara Schöneberger »Fiete Gastro« – Tim Mälzer »Einfach mal Luppen« – Toni Kroos

Format	Vorteile	Nachteile	Beispiele
Experten-Podcast	Gutes Marketinginstrument für alle, die sich für Fachwissen bezahlen lassen, also Coaches, Dienstleister, Berater, Solopreneure	Bei guter Strategie keine Nachteile, außer: Durchhalten!	»Dirk Kreuters Vertriebsoffensive« »Female Leadership« – Vera Strauch »Simon Desue Talk« – Influencer-Papst
True Crime Podcast	Starke Bindung Starke Emotionen Spannung!	Aufwändig zu produzieren Es gibt bereits sehr viele True Crime Podcasts Thematisch eher ungeeignet im Corporate-Bereich, da mit Mord und Totschlag verknüpft	»Verbrechen« – ZEIT »Dunkle Heimat« – lautgut/Antenne Bayern »stern Crime«, Spurensuche
Reportage-Podcast	Ermöglicht spannende Einblicke hinter die Kulissen einer Firma, einer Produktion etc. Geeignet, um Meta-Themen bzw. Persönlichkeiten darzustellen	Aufwändig zu produzieren, sollte von Profis gemacht, mindestens begleitet werden	»50 States« – Bayern 2 »Living Logistics« – Deutsche Post/DHL
Recruiting-Podcast	Gute Möglichkeit, das eigene Unternehmen spannend und unterhaltsam darzustellen Innovative Ansprache für eine junge Zielgruppe	»Fail«-Alarm – Konzept besser mit jüngeren Kommunikationsprofis ausarbeiten	»Funkdisziplin« Bundespolizei »Head Lights« Daimler »VertriebsFunk« Xenagos »HR Happy Hour« (englisch)
Nischen-Podcast	Perfekt für die Ansprache einer klar definierten Zielgruppe oder Fangruppe Langfristige Bindung zwischen Zielgruppe und Podcast	Eigentlich keine Nachteile, außer dass es gut geplant und gemacht sein sollte	»Gannikus« – Online-Fitnessmagazin »Fisch Ahoi« – Stefan Tesch, Österreich »Hundegeflüster« – Hundetrainerin Riccarda Kreickmann »ClassicPodCars« – Oldtimer

Format	Vorteile	Nachteile	Beispiele
Event-Podcast	Größere Reichweite für Veranstaltungen, Aktionen bei geringeren Kosten (im Vergleich zu Radio-/TV-Spots)	Zusätzliche PR bzw. Öffentlichkeitsarbeit nötig Event vorbei? Dann ist auch der Podcast »alt«. Bei der Konzeption berücksichtigen, wie ein Mehrwert für die Hörer erhalten werden kann.	»Finding van Gogh« – Städel Museum »Bauhaus Podcast« –100 Jahre Bauhaus »DMEXCO« – Digital-Kongress »re:publica« – Digital-Kongress
Storytelling-Podcast	Intensive, lange Bindung und besonders eindrucksvoll	Aufwändig, es muss viel Know-how vorhanden sein	»Backup« – Lufthansa Group »Finding van Gogh« – Städel Museum
Live-Podcast	Perfekt für den Aufbau einer Fanbase/Community	Organisatorisch aufwändiger, da Miete von Location und Event-Technik etc. erforderlich	»Die Lösung« – Psychologie-Podcast, Fiebiger/Schiestel »Gemischtes Hack« – Schmitt/Lobrecht »Welttournee« – Adrian Klie/Christoph Streicher

Podcast-Formate mit Vor- und Nachteilen sowie Beispielen

3.2.5   Wie lang soll der Podcast sein?

Zunächst: Egal, wie lang der Podcast ist, er sollte immer etwa gleiche Länge haben. Verwirren Sie Ihre Hörer nicht mit einem Wechsel von Minuten-Quickie und Laber-Long-Run. Auch hier gilt: Verlässlichkeit ist Trumpf! Ansonsten gibt es keine festen Regeln. Allenfalls einen Durchschnittswert: Der Branchenverband Bitkom ermittelte 2019 in einer Umfrage unter rund 1.000 Podcast-Hörern eine Länge von 13 Minuten als favorisierte Länge.

Als Entscheidungshilfe für die passende Länge gilt es im Corporate-Podcast-Bereich einmal mehr, Inhalte, Kommunikationsziel und Zielgruppe zu bedenken:
* Verbringt Ihre Zielgruppe viel in Warte- oder Reisesituationen (z. B. Vertriebler)? Dann darf der Podcast länger sein. 30 Minuten etwa.
* Holen Sie Ihre Zielgruppe klassisch bei der Fahrt zur bzw. von der Arbeit ab? Dann sollten die durchschnittlichen 15 Minuten reichen.
* Lechzt Ihre Zielgruppe nach top-spezifischen, nischigen Inhalten, die sie nur bei Ihnen und nirgends anders bekommt? Dann lassen Sie sich ruhig eine Stunde Zeit.

- Produzieren Sie den Podcast selbst? Dann bedenken Sie: Je länger, desto mehr Aufwand, desto mehr Personal, desto mehr Zeit.
- Lassen Sie – wenigstens teilweise – von einem Dienstleister produzieren? Auch dann: Je länger, desto aufwändiger, desto größer das Honorar.

3.2.6   Wie oft soll der Podcast veröffentlicht werden?

Täglich? Wöchentlich? Zweiwöchentlich? Monatlich? Die Frage, für welche Frequenz Sie sich entscheiden, hängt wiederum von Inhalt, Format und Produktionsbedingungen ab. Welchen Rhythmus schaffen Sie oder Ihr Dienstleister? Wie aufwändig ist die Produktion der Episoden?

Eine wichtige Podcast-spezifische Sache gilt es allerdings zu bedenken: Je häufiger Sie veröffentlichen, desto größer ist die Wahrscheinlichkeit, auf den jeweiligen Plattformen gefunden zu werden. Eine zweiwöchige Erscheinungsweise entfacht natürlich eine andere Dynamik als eine monatliche. Apple Podcasts zum Beispiel »belohnt« Podcasts im Ranking, die möglichst kurz hintereinander erscheinen. Je nach Zielgruppe und Thema sind es aber auch Ihre Hörer, die eine regelmäßige und kurze Frequenz schätzen. Wer nur einmal im Monat erscheint, wird möglicherweise schneller vergessen und »aus den Ohren verloren«.

Gerade im Corporate-Bereich stehen aber Planbarkeit und Machbarkeit im Vordergrund. Deswegen überlegen Sie nüchtern und sachlich, wie sich Ihre geplanten Inhalte am besten verteilen lassen. Und wie lange Sie den Podcast insgesamt betreiben wollen. Ein Jahr? Zwei Jahre? Planen Sie lieber vorsichtig und langfristig als übermotiviert und hektisch. Denken Sie daran, Sie können auch Staffel-orientiert planen. Ein Beispiel:

Staffel 1, sechs Episoden, Veröffentlichung alle zwei Wochen. Danach zwei Monate Pause für Planung und Produktion von Staffel 2 und 3 etc. Sie könnten die Staffeln auch unter verschiedene Themengebiete stellen und so jeweils andere Akzente setzen oder auf aktuelle Ereignisse, Saisonales, besondere Termine etc. eingehen.

Gelegentlich wird auch die Variante gewählt, alle Episoden gleichzeitig zu veröffentlichen, vor allem bei aufwändigen Storytelling-Podcasts: Alle Episoden einer Staffel eines dramaturgisch aufgebauten Podcast werden an einem Tag x gleichzeitig veröffentlicht – und dann die Werbetrommel dafür gerührt. Das Warten auf die nächste Episode fällt hier weg. Für die Fans wird dafür in der nächsten Staffel ein ähnliches Konzept mit neuem Inhalt gefüllt.

Grundsätzlich gelten für die oben zitierten Veröffentlichungsfrequenzen folgende Überlegungen:

Täglich	Nur sinnvoll für tagesaktuelle Medien bzw. diejenigen, die sicher stellen können, dass sie jeden Tag neue Inhalte generieren. Der Produktionsaufwand sollte eher gering oder die Personaldecke eher groß sein. **Beispiele:** News-Updates oder Morning-Briefing-Podcasts der Verlage, Zeitungen und Zeitschriften Möglicherweise auch interessant für Finanzdienstleister (Wirtschafts-/Börsen-Nachrichten) oder international tätige Unternehmen oder Organisationen, die ihren Mitarbeitern eine Art »Morgenlage« bieten wollen.
Wöchentlich oder zweiwöchentlich	Die häufigste Erscheinungsweise – mindestens im Corporate-Bereich – scheint die zweiwöchentliche zu sein. Sie ist ein guter Kompromiss aus Machbarkeit und Regelmäßigkeit. Für wöchentliche Episoden müssen sowohl Inhalte wie auch Personal reichen. Eine wöchentliche Frequenz bietet sich dann an, wenn es auch einen Wochenaspekt gibt. **Beispiele:** • Ausgeh- und Freizeittipps fürs Wochenende • Wochenauftakt-Infos am Montag, z. B. für Wirtschaft, Handel, Landwirtschaft, wetterabhängige Branchen etc.
Monatlich	Wer Meta-Ebenen oder Storytelling-Podcasts produziert, wird nach meiner Erfahrung eher bei der monatlichen Variante landen – oder die oben skizzierte »Alles auf einmal«-Variante wählen, also alle Episoden vorproduzieren und dann veröffentlichen. Hier geht Qualität vor Frequenz. Ein aufwändig produzierter Podcast braucht sehr viel Zeit und/oder Personal.

Tab.: Veröffentlichungsfrequenzen Ihres Podcasts

3.2.7   Wie soll der Podcast heißen?

Der Podcast-Titel: Unendlich viele Ideen und Aspekte müssen komprimiert werden zu einer glasklaren, kurzen Botschaft, die den Hörer »heiß« macht. Und SEO-Aspekte müssen auch berücksichtigt werden. Herzlich Willkommen zu einer der anspruchsvollsten Arbeiten, die es gibt. Kurz, aber prägnant, wie komme ich zu so einem Titel?

Zunächst: So kreativ und intensiv Sie bei Strategie und Formatfindung sein sollten, so pragmatisch gilt es, beim Titel des Podcasts zu sein. Vor allem hinsichtlich Ranking,

Suchmaschinen, Auffindbarkeit sollte hier jeglicher Firlefanz unterbleiben. Die wichtigsten Tipps zur Titelgestaltung sind:

- kurz und klar: nicht mehr als 50 Zeichen
- mit Cover vergleichen: Passt der Titel aufs Cover, grafisch ansprechend?
- klare inhaltliche Aussage: Was erwartet den Hörer im Podcast?
- unverwechselbar: Alle Podcast-Titel zu ähnlichen Themen checken
- Haupt-Keyword möglichst im Titel, mindestens aber im Untertitel (»Der xy-Podcast«)
- verständlich, merkfähig, nachsprechbar für Speaker-Befehle
- Wenn es eine Landingpage geben soll: Titel mit möglichen freien Domains abgleichen

Andererseits: Kreative Titel fallen natürlich positiv auf: »Fest & Flauschig« ist trotz des inhaltsneutralen Titels einer der Top-Podcasts geworden. Deswegen gilt für kreative Titel: Mit einem aussagekräftigen Untertitel versehen, die das Haupt-Keyword enthält. Beispiele:

Abb. 26: Podcasts mit kreativen Namen – und einer ergänzenden Inhaltsangabe im Untertitel

»Werkstattgespräche« heißt der Podcast der Baumarkt-Kette Hornbach. Was ist die Strategie dahinter und wie läuft der Podcast? Darüber habe ich mit Florian Preuß, dem Pressesprecher von Hornbach gesprochen. Das Bestnote-Interviews zum Buch können Sie hier direkt über die App SmARt Haufe aufrufen. Einfach das Bild mit der App scannen:

Abb. 27: Interview mit Florian Preuß (Hornbach)

3.2.8   Wie viel Personal brauche ich?

Wollen wir ein kleines Quiz machen? Worauf kommt es wohl an …? Hervorragend! Sie haben aufmerksam gelesen – auf Zielgruppe, Kommunikationsziel, Format, Länge, Veröffentlichungsfrequenz etc.

Zur »Personalfrage« gibt es von meiner Seite nur am Rande Tipps und Entscheidungs-hilfen: Je mehr Inhalt und Aufwand Sie in die Podcast-Produktion stecken wollen, desto mehr Personal brauchen Sie natürlich. Grundlegend sollten Sie sich die Frage stellen: Wie viel Know-how habe ich in diesem Bereich? Als Person oder als Unterneh-men, Abteilung oder Institution?

Wenn ich Mitarbeiter habe, die sich intensiv eingearbeitet haben, kann ich so eine Podcast-Produktion prima selbst, also im eigenen Unternehmen stemmen und finan-zieren. Je nach Länge und Anzahl der Folgen pro Monat sollte sich mindestens eine Person um die Projektplanung kümmern. Eventuell braucht es weiteres Personal für die Produktion der Inhalte. Tipp: Planen Sie zunächst großzügig die Produktion einer ersten Staffel, also fünf bis zehn Folgen. Passen Sie nach den ersten Erfahrungen Ihr

Personal dem Podcast an – oder den Podcast Ihrem Personal. Weniger Folgen, kürzere Folgen, Aufwand reduzieren etc.

Sie sind noch nicht sicher, ob Ihr Know-how reicht? Lassen Sie sich beraten! Unter den Stichworten »Podcast« und »Consulting« oder »Beratung« finden Sie im Netz unzählige Profis, die Ihnen in Workshops oder Seminaren das kleine oder große Einmaleins des Podcastings beibringen. Nach dem Workshop oder Seminar sollten Sie einen Überblick für den weiteren Weg haben: Selbst machen oder auch für die Produktion mit Profis arbeiten? Auch für den letzteren Fall finden Sie unter den Stichworten »Podcast« und »Produktion« zahlreiche Dienstleister auch in Ihrer Nähe.

3.2.9   Wie arbeite ich mit Profis?

Je nachdem, zu welchem Zeitpunkt Sie mit Podcast-Profis zusammenarbeiten, bekommen Sie bestimmt die gewünschte Unterstützung. Signalisieren Sie offen, ehrlich und möglichst detailliert, welches Know-how Sie haben und welches Sie dringend brauchen. Je ausführlicher und klarer Ihr Briefing, desto besser können die Profis mit Ihnen zusammenarbeiten.

Wer mit eigenen Briefings keine Erfahrung hat, bittet die Profis einfach um einen Briefing-Fragebogen. Den füllen Sie aus, die Profis bzw. Dienstleister können sich dann einen guten ersten Überblick verschaffen. Wenn es keinen Briefing-Fragebogen gibt, sollten Sie mindestens folgende Informationen liefern. Dann können Agenturen oder Dienstleister beurteilen, was Sie vorhaben und ein aussagekräftiges Angebot abgeben:
- Welche Form hat mein Unternehmen/die Organisation/der Solopreneur?
- Zielgruppenbeschreibung
- Kommunikationsziel
- Welches Format könnte in Frage kommen?
- Welche Inhalte habe ich für wie viele Folgen?
- Welche Länge?
- Wie oft soll der Podcast erscheinen?

Viele Agenturen wie auch Anbieter im Corporate-Bereich haben gute Erfahrungen mit Workshops gemacht. Gönnen Sie beiden Seiten einen halben oder gar einen ganzen Tag, um alles rund um Ihr Podcast-Projekt zu besprechen und in ein machbares Konzept (Proof of Concept) zu verwandeln. Je anspruchsvoller, aufwändiger und professioneller Ihr Podcast werden soll, desto länger sollte der Workshop sein – oder sogar auf zwei Termine aufgeteilt werden.

Wenn es in die Produktion geht und Sie auf das Know-how der Profis setzen: Hören Sie zu, was die Profis vorschlagen. Seien Sie nicht eigensinnig. Die Produktion von Audio-Inhalten hat eigene Regeln, Besonderheiten, Tricks und Stolperfallen. Ein Dienstleister, der lammfromm und widerspruchslos all Ihre Ideen umsetzt, ist kein Profi, sondern gefallsüchtig. Wie bei anderen Prozessen gilt: Beide Seiten sollten ihre Bedürfnisse und ihr Know-how in einen harmonischen und kreativen Einklang bringen, damit es am Ende gut klingt.

3.2.10   Wofür brauche ich einen Redaktionsplan?

Content-Publishing-Teams in Unternehmen oder Redaktionen in Medienhäusern kennen und schätzen ihn. Auch für die Planung und Produktion eines Podcast ist er unerlässlich: der Redaktionsplan.

Für den ersten Schritt, der Strategiefindung, reicht ein grober Plan in Form einer Word- oder Excel-Tabelle. Listen Sie darin möglichst viele Inhalte/Themen auf, die Sie für interessant, machbar, produzierbar halten. Außerdem erste Ideen für die konkrete Umsetzung:

- Warum finden wir dieses Thema interessant für die Zielgruppe, welchen Mehrwert hat es?
- Passt ein Interviewpartner zu diesem Thema? Wenn ja, welcher?
- Ist zum Thema eine Reportage (vor Ort) denkbar?
- Gibt es Kolleginnen oder Kollegen, die Spezialisten für das Thema sind?
- Passt das Thema zum Kommunikationsziel?
- Was bietet das Thema sonst noch an Hörbarem, wie könnte es klingen, wie kann ich es in Töne, Klänge, Sprache, Musik verwandeln?

Diese erste grobe Liste sollten Sie einem »Konsistenzcheck« unterwerfen und sich erneut ein paar Fragen stellen:

- Gibt es einen roten Faden, können die Themen zu einer inhaltlichen Einheit zusammengefasst werden?
- Lassen sie sich jeweils ähnlich umsetzen/produzieren, damit auch hier ein einheitliches Hörbild entsteht?
- Passen Themen, Zielgruppe und Kommunikationsziel zusammen, ergeben sie ein strategisch sinnvolles Konstrukt?

Nachdem Sie Ihre Podcast-Strategie soweit festgelegt haben, sollten Sie für den Produktionsprozess einen ausführlichen Redaktionsplan erstellen. In kleineren Teams und bei weniger aufwändigen Produktionen kann eine Excel- oder Word-Tabelle reichen. Vorlagen zum Beispiel für Excel-basierte Redaktionspläne gibt es zuhauf im Netz. Natürlich gibt es auch Premium-Lösungen, die vor allem das cloudbasierte Arbeiten in großen Teams erleichtern.

Ein gutes Basis-Tool allein für die Terminkoordination ist »Kalenderpedia«. Hier gibt es diverse Kalender in verschiedenen Formen zum Runterladen, von Jahreskalendern über Bundesländer-spezifische oder akademische Kalender. Alles kostenlos. Genauso können Sie natürlich iCal oder den Google Calendar nutzen.

BEISPIELE FÜR REDAKTIONSPLANUNGS-TOOLS

- Trello (USA, Basis-Account kostenlos)
- MeisterTask (D, Basis-Account kostenlos)
- dirico.io (D, kostenpflichtig, Profi-Tool)
- Contentbird (D, kostenpflichtig, Profi-Tool)
- Desk-Net (D, kostenpflichtig, Profi-Tool)

Was sollte ein Redaktionsplan für die Podcast-Produktion enthalten?
- Episodentitel und Kurzbeschreibung
- alle Termine: Veröffentlichungsdatum, Interviewtermin, Abgabefristen etc.
- Thema: Welcher Anlass, warum wichtig, was soll es bringen?
- Beteiligte extern: z. B. Interviewpartner inkl. Kontaktdaten und Infos zur Person
- Beteiligte intern: Wer macht was wann?
- Zusatzinfos für die Zielgruppenansprache (Persona?) bzw. Tonalität
- benötigte Zusatzmaterialen: Episoden-Cover, Beschreibungen, Transkript etc.
- PR-/Social-Media: Wer bewirbt wo/wie, auf welchen Kanälen, die neue Episode?
- Checkliste zum Abhaken für alle chronologisch zu erledigenden Arbeiten
- Auswertung/Reporting: Schlussfolgerungen für die weitere Produktion

Die wichtigsten Punkte für eine Produktions-Checkliste könnten sein:

Produktions-Checkliste	
Kommunikationsziel der Episode definiert	☐
Aufgaben ans Team verteilt	☐
Interviews geplant und vorbereitet	☐
Interviews geführt	☐
Manuskript/Text fertig	☐
Alle Inhaltselemente vorhanden/geschnitten	☐
Montage fertig, Datei ausgespielt	☐
Datei von allen freigegeben	☐

Produktions-Checkliste	
Alle Zusatzmaterialien vorhanden (Episoden-Cover, Beschreibungstexte, Transkripte etc.)	☐
Episode hochladen/veröffentlichen mit Zusatzmaterialien	☐
Episode bewerben (Social Media, Newsletter, E-Mail etc.)	☐
Feedback bearbeiten, Community beobachten	☐

Jetzt gilt es, den Vorlauf zu planen, den Redaktionsplan mit der Erscheinungsweise des Podcasts in Einklang zu bringen (siehe Kapitel 3.2.6). Wie weit zurückgerechnet muss ich mit der Planung beginnen, damit die nächste Episode rechtzeitig fertig wird? Empfehlung: Planen Sie sehr großzügig und passen Sie die Planung den Erfahrungswerten an.

Abb. 28: Beispiel für einen Redaktions- bzw. Produktionsplan mit Trello (Quelle: Podcast »Leading with« von Marie Bockstaller)

DIE WICHTIGSTEN ERKENNTNISSE AUS KAPITEL 3

- Kein erfolgreicher Podcast ohne intensiv ausgearbeitete Strategie.
- Podcasts eignen sich für langfristige Kommunikationsziele und sollten langfristig geplant und produziert werden – Langer Atem!
- Sie eignen sich für Imagepflege bzw. die intensive Bindung zwischen Anbieter und Hörer.
- Arbeiten Sie mit Profis oder erwerben Sie nötiges Wissen und die erforderlichen Fähigkeiten.

4 Technik und Produktion – Gut Kling will Weile haben

Geständnis einer Audio-Verrückten: Kinder, was habe ich mich in der ersten Welle der Podcast-Begeisterung ab 2005 echauffieren können! Über sinnloses, unstrukturiertes Gelalle. Über bodenlos schlechte Audioqualität. Über planlose »Auch-haben-will-Podcasts«. Das ist in der zweiten Welle glücklicherweise anders – und die Zeit heilt meine wunden Ohren. Damals hatten professionell produzierte Podcasts noch den Hautgout des Kommerziellen, Glatten, Unehrlichen. Seit 2017 spitzten alle die Ohren in Richtung USA und ein allgemeines »Oh, das ist aber toll produziert!« wabert durch die Podcast-Gemeinde. Endlich! Dann waren meine 15 Jahre beim Radio nicht umsonst und ich kann Ihnen jetzt einen Strauß voller bunter Erfahrungen, Tipps und konkreten Produktionsanweisungen überreichen.

4.1 Erfahrungen der Radioprofis

Podcasts sind Audioproduktionen. Deswegen gelten auch für sie viele hilfreiche Regeln und Tipps, die seit Jahrzehnten von Radio-Profis befolgt werden. Ein Storytelling-Podcast ist letztendlich nichts anderes als ein gutes Hörspiel. Und ein Interview-Podcast folgt – wenn er unterhaltsam sein soll – den Regeln für gute journalistische Interviews. In diesem Buch kann nicht alles drinstecken, was Rundfunkjournalisten in jahrelanger Ausbildung lernen. Aber wenn Sie die wichtigsten Punkte berücksichtigen, sind Sie auf der richtigen Seite.

4.1.1 Schreiben fürs Sprechen

Ohren können nicht zurückblättern!
Wenn Sie einen Text schreiben, der gehört wird, vergessen Sie nie: Die Hörer können nicht zurückblättern, wenn sie etwas nicht verstanden haben. Seit jeher gilt deswegen für Audio-Manuskripte, Radio-Nachrichten usw.:

Das Gesprochene muss das Ohr des Hörers ohne Umwege erreichen und sofort verständlich sein. Es sollte die nötigen »Bilder im Kopf« entstehen lassen, damit die Information oder die Botschaft sofort ins Gehirn geht und dort auch möglichst lange bleibt. Audio-Sprache ist deswegen eher Sprechsprache als literarische Sprache. Sie fußt auf der normalen Umgangssprache, ohne Zicken, falsche oder totformulierte Assoziationen oder gedrechselte Wortungeheuer.

Konkret sind das die wichtigsten Tipps:

- **Kurze Sätze:** Kein bis maximal ein Komma, mit Zäsuren/Doppelpunkten arbeiten, z. B.:
  »Der Vorteil: Sie können den Text gut sprechen und strukturieren.«
- **Verb nach vorne:** Klare Subjekt-Prädikat-Objekt-Struktur, keine Verschachtelung. Nicht: »Die Feuerwehr musste gestern, nachdem sie zu einem Brand in der Hauptstraße gerufen wurde, der laut Meldung ein ganzes Haus erfasst hatte *(Was musste sie, waaas?)* … feststellen, dass es ein Fehlalarm war.« Besser: »Die Feuerwehr hatte es gestern mit einem ärgerlichen Fehlalarm zu tun. Sie bekam eine Meldung, wonach …«).
- **Kernbotschaften wiederholen:** Was sich wirklich einprägen soll, ruhig mehrmals ansprechen, wenn auch nicht in der absolut identischen Wortwahl.
- **Wenig Fremdwörter oder Fachsprache:** Je nach Zielgruppe Fremdwörter sparsam einsetzen oder ein verständliches Wort suchen. Wenn sich Ihr Podcast an ein Fachpublikum richtet, gilt das natürlich nicht, dann darf es auch fachlich sein.
- **Zahlen, Daten, Prozentangaben sparsam einsetzen:** Zahlen merkt sich das Ohr nicht gut, je mehr es sind, desto weniger. Deswegen im Zweifelsfall auf- oder abrunden (»etwa eine Stunde« statt »58 Minuten« oder »Im Frühjahr 2020« statt »am 15. März 2020«). Für komplexere Sachverhalte Vergleiche suchen. Zum Beispiel der berühmte Fußballfeldvergleich: »Etwa so groß wie ein Fußballfeld« statt »100 Meter lang und 70 Meter breit«. Geht auch mit Tennisplätzen oder Schwimmbädern.
- **Aktiv statt Passiv:** Etwas »wird gemacht« oder »wurde gemacht«, das wirkt hölzern und distanziert. Schreiben Sie aktiv: Es gibt meistens irgendjemanden, der dasjenige gemacht hat. Nicht: »Im Uni-Klinikum wurde die tausendste Transplantation durchgeführt«, sondern: »Die Ärzte im Uni-Klinikum haben gestern das eintausendste Herz transplantiert.«
- **Nicht nur schreiben, sondern beschreiben:** Audio, Erzählen, Storytelling, das ist »Malen fürs Ohr«. Bieten Sie Ihren Hörerinnen und Hörern Futter für das sprichwörtliche Kino im Kopf. Beschreiben Sie Menschen, Situationen, Zustände, damit sich die Hörer etwas vorstellen können. Beschreiben Sie Aussehen, Farben, Gerüche, Geräusche etc. Beschreiben Sie Ihre Emotionen – Gedanken, Zweifel, Schlussfolgerungen oder Freude.

Mithilfe der App smARt Haufe können Sie sich anhören, wie wichtig das Schreiben fürs Sprechen ist. Wir haben zwei Beispiele für denselben textlichen Inhalt produziert: Einmal mit allen hier beschriebenen Fehlern. Und einmal ohne die Fehler, verständlich und klar. Scannen Sie dazu einfach das folgende Bild.

Abb. 29: Hörbeispiel – Schreiben fürs Sprechen

4.1.2   Profi-Stimme oder authentischer Laie?

»Mia beebt das Heaz voa Zoan!«

Dieser Satz ist ein Kalauer aus der Schauspiel- und Sprecherausbildung, weil er vor Ohren führt, wie Dialektreste mitunter die Verständlichkeit erschweren bzw. das Gesagte zum Witz machen. Denn hier soll ja eher das »Herrz vor Zorrn beben«.

Neben Dialektresten sind es falsche Betonungen, leiernder Singsang, hektisches Atmen, unangenehm klingende Stimmen und unzählige andere kritische Punkte, die den Profi-Sprecher vom Laien unterscheiden. Sprechen kann jeder Mensch, aber nicht jeder kann es so, dass andere gerne zuhören. Es ist ein bisschen wie beim Klavier spielen. Auf die schwarzen und weißen Tasten tippen kann jeder, aber es klingt nicht bei jedem nach Musik.

Ob im Podcast ein Super-Profi oder eine talentierte Mitarbeiterin zum Einsatz kommt, richtet sich erneut nach Budget, Kommunikationsziel, Strategie. Wenn die Strategie heißt: »Mein Unternehmen ist im Top-Qualitätsbereich angesiedelt.« Dann sollte auch der Moderator oder Sprecher Top-Qualität abliefern. Die Strategie könnte aber auch sein: Ich will mein Unternehmen authentisch und offen darstellen, über meine Mitarbeiter und ihre persönlichen Fähigkeiten. Dann suchen Sie sich Mitarbeiter ohne Scheu vor Mikrofonen und testen Sie, wie es klingt.

Eine eigene Mitarbeiterin oder ein Mitarbeiter könnte umso eher in Frage kommen, je mehr Sie eine persönliche Ansprache planen, wenn Ihre Hörer hinter die Kulissen schauen oder Geschichten aus dem Nähkästchen hören sollen. Nicht vergessen: Eine Stärke von Audio ist die Nähe, das Intensive, das »ins Ohr Schleichende«. Die Stimme, die den Podcast trägt, sollte diese Geschichten authentisch und sympathisch rüberbringen. Ob das nun ein Profi oder ein Laie kann, müssen Sie abwägen – und entscheiden.

Vielleicht spielen auch Dialekte eine Rolle? Sind Sie, ist Ihr Unternehmen, Ihre Botschaft regional verwurzelt? Dann kann eine leichte Stimmfärbung nicht schaden. Um zu wissen, dass auch das für Aufmerksamkeit sorgen kann, muss man nicht unbedingt gleich an Müsli denken …

Tipp: Hören Sie sich verschiedene Podcasts an und notieren Sie, welche Stimmen, welche Ansprechhaltung ihnen gefällt. Vielleicht finden Sie auch in den Beschreibungen zum Podcast heraus, ob der oder die Sprecherin von einer Agentur kommt, ein Profi ist oder eben nicht.

Wie kommen Sie an Profis? Entweder erledigt das die Podcast-Produktions-Agentur, mit der Sie arbeiten. Auf diversen Sprecher-Portalen können Sie aber auch nach passenden Stimmen suchen oder auch Castings einstellen. Bekannte Sprecherportale sind bodalgo.de, voicebase.de oder speaker-search.de

4.1.3   Interviewführung – Das Beste rausholen

»Ach, ich interview die einfach mal, dann seh' ich schon, was dabei rauskommt.«

Eine charmante Herangehensweise, die mitunter ein gutes Ergebnis erzielt. Professionell ist das aber nicht. Gute Vorbereitung = gutes Interview. Eine Binsenweisheit eigentlich. Ein paar Tipps von Audio-bzw. Medien-Profis gilt es also zu beachten.

Zunächst sollten Sie eines bestimmen. Variante eins: Dient das Interview dazu, Originaltöne (im Folgenden: O-Töne) zu bekommen, die anschließend weiterverarbeitet, geschnitten, in ein Beitrags-Manuskript eingebaut werden, in einen Storytelling-Podcast gar? Dann sollten Sie sich vor dem Interview exakt überlegen, welche Rolle die O-Töne haben sollen, welchen dramaturgischen Effekt. An welcher Stelle des Beitrags, der Geschichte stehen sie und welchen Zweck haben sie? Entsprechend zielgerichtet sollten die Fragen sein.

Natürlich sollen Sie Ihren Gesprächspartner nicht genau das vorlesen lassen, was Sie sich ausgedacht haben, auf keinen Fall! Das wirkt unpersönlich, unprofessionell. Aber sie können Ihre Fragen annähernd so gestalten, dass in etwa das dabei herauskommt, was Sie sich vorgestellt haben. Aus jahrelanger Erfahrung in den Medien weiß ich aber auch: Es kommt immer anders, als man denkt! Deswegen: Flexibel sein, auf den Gesprächspartner eingehen – und das eigene Manuskript anpassen und dadurch noch besser machen!

Variante zwei wäre ein »Live on Tape«-Interview, das mehr oder weniger ungeschnitten im Podcast wiedergegeben werden soll, komplett mit Fragen und Antworten beider Gesprächspartner. In diesem Fall sollten Sie genauso viel »Gehirnschmalz« in die Formulierung der Fragen stecken. Und selbstredend sollte die Vorbereitung, die Recherche intensiv sein, nicht nur, was das Fachliche angeht. Auch das Persönliche: Was ist Ihr Gesprächspartner für ein Typ, wie spricht er, lässt er sich schwer stoppen oder muss er aus der Reserve gelockt werden?

Tipp: Checken Sie auf Youtube oder in anderen Podcasts, ob der Gesprächspartner irgendwo zu hören ist. Das gibt ein erstes Gespür dafür, wie er spricht und tickt.

Weitere wichtige Tipps zur Interviewführung
Reden Sie Ihren Gesprächspartner »warm«: Drücken Sie auf Aufnahme, aber stellen Sie erst einige neutrale Fragen wie »Wie war Ihr Tag bis eben?« oder »Was haben Sie heute schon erledigt?« etc. Erstens können Sie dabei die Lautstärke pegeln. Zweitens gewöhnt sich der Interviewgast langsam an die Umgebung, an Sie, an seine Stimme im Kopfhörer.

Stellen Sie offene statt geschlossene Fragen: Auf eine geschlossene Frage kann der Gesprächspartner nur mit »Ja, Nein, weiß ich nicht« antworten. Also nicht: »Hat Ihnen die Aufführung gefallen?« »Ja.« Sondern: »Was hat Ihnen an der Aufführung gefallen/ nicht gefallen?«

Nutzen Sie bei verpatzten Antworten den Technik-Trick: Wenn der Interviewte nicht auch am Kopfhörer hängt und Sie seine Antwort schlecht, vernuschelt, unverständlich finden, Stellen Sie die Frage noch einmal mit der Begründung »Oh, da war ein unschönes Geräusch/Aussetzer, könnten wir die Frage nochmal machen?«

Überlegen Sie sich die Tonalität, die Ansprache: Ist es ein Fachinterview, ein Meinungsinterview, ein Personeninterview, ein lustiges Interview. Passen Sie die Fragen entsprechend an, damit auch der Interviewte weiß, wo die Reise hingehen soll.

Sie sind nicht die Hauptperson: Halten Sie sich bei den Fragen zurück. Sie wollen doch vom Gesprächspartner was wissen, denn der ist der Experte für irgendetwas, oder? Dann lassen Sie ihn oder sie reden. Podcasts, in denen der Fragesteller einen dreiminütigen, selbstverliebten Monolog hält, bevor der Interviewte zu Wort kommt, gibt es massenhaft und sie sind schrecklich.

Seien Sie flexibel und spontan: Gehen Sie auf den Gesprächspartner ein, wenn sich das Gespräch interessant entwickelt. Kleben Sie nicht an ihren Fragen. Die besten Interviews sind die, in denen alles anders kommt als geplant.

Stellen Sie *eine* klare Frage: Vermeiden Sie Doppel- oder Triple-Fragen, zum Beispiel: »Wenn Ihnen dieses und jenes gefallen hat, warum nicht schon vorher und warum glauben Sie, dass sich das geändert hat …?« »Äh, bitte, was war die Frage?«

Dem Gesprächspartner die Fragen vorher schicken? Das kommt drauf an. Profis in ihrem Thema oder schlagfertige Menschen brauchen das eher selten. Hier müssen Sie ein Gespür dafür haben, ob der Gesprächspartner die Fragen zur Vorbereitung braucht oder nicht. In jedem Fall aber weisen Sie ihn darauf hin: Vorbereiten ja, aber bitte beim Interview selbst weg mit dem Fragenzettel und frei sprechen!

Über die App smARt Haufe kommen Sie zu einem ausführlichen Interview mit Maja Nett, Moderatorin des Interview-Podcast »Deckel auf!« von Chefkoch. Scannen Sie dazu einfach das folgende Bild:

Abb. 30: Interview mit Maja Nett (Chefkoch)

4.2 Verpackung – Ohrenschmaus mit Intro, Outro, Musikbett

»Ding, Dong! Ich bin's, Dein Lieblingspodcast!«

Na immer herein, ich hab Dich schon erkannt!
Die akustische »Verpackung« Ihres Podcasts ist überaus wichtig für den Wiedererkennungswert. Sie ist sowas wie die akustische Kleidung, die der Podcast trägt. Heißt: Sie sagt viel über Stil, Zielgruppe und Inhalt des Podcasts aus bzw. sollte optimal passen. Ist der Podcast ein schriller, farbiger Typ? Dann sollte auch die Verpackung so klingen. Geht es um Psyche, Krankheit, Therapien? Dann ist der »Happy-go-lucky-Pop«-Ansatz vermutlich falsch.

Was ist denn eine »Verpackung«? Darunter verstehen sich alle Elemente in der Audioproduktion, die einen Beitrag einleiten, strukturieren, Kapitel erkennbar trennen oder den Inhalt akustisch untermalen oder in irgendeiner Art verstärken.

Das können sein: Intro (Musik mit oder ohne Sprache), Outro (ebenso), Musikbetten (zum Unterlegen unter gesprochene Sprache), Rubriken-Trenner, Stimmungs-Trenner, Stinger (Abschlusselement) und weitere.

Was davon ein Podcast braucht, hängt wieder vom Format ab. Für einen Storytelling-Podcast braucht es zum Beispiel einen regelrechten Baukasten aus Musik- und Soundelementen, um die Entwicklungen der Story zu ergänzen, zu verstärken etc. Wie bei einem Hörspiel im Radio. Und all diese Elemente sollten zueinander passen, eine Klangfamilie bilden. Das Audio-Logo zum Beispiel sollte sich im Musikbett wiederfinden, die Rubriken-Trenner sollten ebenfalls damit spielen. Wieder passt die Analogie zur Kleidung: Von den Schuhen über den Gürtel bis zum Hut – alle Accessoires sollten den perfekten Stil des Podcasts einheitlich hörbar machen. Selbst in der einfachsten Form sollte ein musikalisches Intro das »Ding Dong!« übernehmen und den Wiedererkennungswert des Podcasts sichern.

4.2.1 Akustische Markenführung, auch im Podcast

Durch die Beliebtheit von Podcasts bzw. Smart Speakern ist auch das Thema akustische Markenführung, auch Sound oder Audio Branding, wieder in den Vordergrund gerückt: Wie klingt mein Unternehmen, meine Organisation, meine Botschaft? Nicht nur in der Werbung wird mit Sound gearbeitet, um sich akustisch und nachhaltig in den Ohren der Menschen zu verankern. Denken Sie an das Telekom-Sound-Logo oder die Sounds der Automarken oder das schon ikonische »Yippie Ja Ja Yippie Yippie Yeah« von Hornbach.

Akustische Markenführung ist allerdings eine komplexe Sache, um die sich viele Agenturen, Berater usw. kümmern. Wenn Sie auf diesem Gebiet schon tätig waren und einen Corporate Sound entwickelt haben, können Sie ihn wunderbar auf den Podcast zuschneiden bzw. Varianten produzieren (lassen).

Wenn Sie mit akustischer Markenführung nicht vertraut sind und »nur« für den Podcast eine Verpackung brauchen, gibt es verschiedene Möglichkeiten:

Bronze (wenig aufwändig/kostenlos bis preiswert)
Ihnen reicht ein akustisches Erkennungszeichen am Anfang und Ende der Podcast-Episoden; danach folgt der Inhalt ohne akustische Trenner oder andere musikalische Elemente. So ein Erkennungszeichen musikalischer Art bekommen Sie (GEMA-frei) bei den im nächsten Kapitel erwähnten Musik-/Sound-Portalen. Eventuell überlegen Sie sich, ob Ihnen jemand den Titel des Podcasts über den Sound spricht, und produzieren diese beiden Elemente zusammen.

Silber (etwas aufwändiger und preiswert bis kostenpflichtig)
Sie kaufen sich einen kleinen Baukasten mit akustischen Elementen, ebenfalls GEMA-frei, ebenfalls bei den unten genannten Musik-Portalen. Stichworte sind: Audio-Logo, Idents, Kits, Packs. Auch hier ist die Frage, ob (und von wem, Profi oder Laie?) Sie sich den Namen des Podcasts und gegebenenfalls eine kurze Einleitung über das Intro sprechen lassen.

Gold (Premium-Variante)
Sie lassen sich von Sound-Branding-Profis eine Verpackung für Ihre Marke, Ihren Podcast komponieren und produzieren. Die sollte auf das emotionale, inhaltliche, kommunikations- und zielgruppentechnische Setting des Podcasts einzahlen und diesen wiederum variabel und abwechslungsreich bedienen. Aber Achtung: Professionell produzierte Verpackungselemente müssen auch professionell eingesetzt und montiert werden, sonst ist das die Tonjuwelen-vor-die-Säue-Variante. Dazu erfahren Sie mehr im Kapitel 4.4 »Montage«.

Nicht zuletzt: Auch Sprecher, Moderatorin oder die Interviewgäste sollten akustisch ins Gesamtbild passen. Einen Podcast über hippe Modetrends sollte keine erkennbar ältere Dame moderieren und einen über Wechseljahre keine piepsige 20-Jährige.

> **!** **Die Hänsel- und Gretchenfrage: Hören Frauen und Männer unterschiedlich?**
>
> Ja. Das hat unter anderem eine Studie der Hochschule Aalen ergeben. Demnach verstehen Frauen gesprochene Sprache besser als Männer. Und: Sie sind mit zunehmendem Alter weniger von Hörverlust betroffen als Männer. Letztere hören dann vor allem hohe Frequenzbereiche nicht mehr so gut. Berühmtes Beispiel: Grillenzirpen. Sagt sie: »Ach Schatz, wie schön die Grillen zirpen!«. Er: »Welche Grillen?« Setzen Sie also bei einem Podcast mit

der Zielgruppe »Männer im besten Alter« besser keine »hochfrequente« Musik ein. Auch Geschmacksfragen sollten bei der akustischen Markenführung berücksichtigt werden. Heavy-Metal-Ansatz? Wohl eher nicht für einen Yoga-Podcast für Frauen. Esoterik-Gewaber? Besser nicht bei einem Motorsport-Podcast. Und das sind nur sehr eindeutige, zugespitzte Beispiele. Nur: Auch das alles sollten Sie beim Ohren-Medium Podcast berücksichtigen.[22] Über die App smARt Haufe können Sie diverse Beispiele von Podcast-Verpackungen bzw. Sound-Baukästen hören. Gute wie nicht so gute. Aber das sollen Sie beim Hören selbst prüfen: Passt das akustische Kleid zum Thema/Podcast oder nicht? Scannen Sie dazu einfach das folgende Bild.

Abb. 31: Hörbeispiele für akustische Podcast-Verpackungen

4.2.2 Musik und Geräusche, woher nehmen?

Wer noch keinen eigenen (Marken-)Sound, keine akustische Markenführung betreibt und auch kein Budget dafür hat, kann sich Musik oder Jingles etc. aus dem Internet besorgen. Es gibt Musikportale, die GEMA-freie Musik bzw. Royalty free Music kostenlos anbieten und Portale, die kostenpflichtige Lizenzen vergeben.

Warum das »GEMA-frei« so wichtig ist? Wenn Sie Musik nutzen, deren Urheber, Komponist oder Texter GEMA-Mitglied ist, müssen Sie diese Musik auch bei der GEMA lizenzieren und entsprechend Lizenzgebühren zahlen. Das ist möglich, aber etwas umständlich und kann bei hohen Downloadzahlen des Podcasts auch gut ins Geld gehen. Siehe Info-Kasten etwas weiter unten.

Es gibt aber glücklicherweise zahlreiche Alternativen, bei denen Sie dennoch Folgendes beachten sollten:

- Die Musikstücke oder Sounds müssen für das gesamte Podcast-Projekt, für alle Episoden, zeitlich unbegrenzt, lizenzierbar sein.
- Sollten Sie Ihren Podcast vermarkten, also Sponsoren oder Werbung einbauen wollen, muss die Lizenz auch »kommerzielle Nutzung« enthalten.

Wenn Sie im Internet nach »GEMA-freie (kostenlose) Musik« suchen, werden Sie zahlreiche Anbieter finden. Hier eine Auswahl:

Anbieter kostenloser Musik sind unter anderem:
- Free Music Archive – https://freemusicarchive.org/
- Musopen – https://musopen.org/
- AUDIYOU – https://www.audiyou.de/freemusic/

Anbieter mit kostenpflichtiger GEMA-freier Musik:
- audiojungle – https://audiojungle.net/
- Premium Beat – https://www.premiumbeat.com/
- CAYZLAND – https://www.cayzland.de/
- Jamendo https://www.jamendo.com/

Anbieter für Sounds/Geräusche/Effekte:
- (kostenpflichtig) audiojungle – https://audiojungle.net/
- (kostenpflichtig) Soundsnap – https://www.soundsnap.com/
- (kostenlos) Freesound – https://freesound.org/

GEMA

Kehren wir noch einmal zum Thema GEMA zurück. An sich dürfen Sie Ihren Podcast auch mit den aktuellen Chart-Hits garnieren. Dazu müssen Sie eine Lizenz der GEMA erwerben. Und da gibt es seit Mai 2020 eine frische, neue und vor allem verständliche und machbare GEMA-Lizenz für Podcaster. Endlich! Denn die Lizenz vorher war ein eher sinnloses Ungetüm, weswegen es im Gegensatz zu den USA kaum Podcasts mit oder über populäre Musik gab.

Was ist die GEMA und was bedeutet sie für Podcaster?

Die Gesellschaft für musikalische Aufführungs- und mechanische Vervielfältigungsrechte (GEMA) ist ein Verein und verwaltet das Urheberrecht von Komponisten, Textdichtern und Musikverlegern. Wer deren Werke nutzt, zum Beispiel Radio-/TV-Sender, Filmproduzenten, muss Lizenzgebühren an die GEMA abführen. Die werden dann – nach einem hochkomplizierten Schlüssel – an die Mitglieder der GEMA, die Urheber, ausgeschüttet.

Die seit Mai 2020 geltende Podcaster-Lizenz hat folgende Kernpunkte:
- Die Vergütung wird monatlich berechnet und orientiert sich an den Abrufzahlen des Podcasts pro Monat (alle Episoden zusammengerechnet) und an der Spielzeit (Minuten) der GEMA-pflichtigen Werke/Musikstücke pro Monat.
  Beispiel: Ein Podcast mit 20.000 Downloads im Monat und fünf Musikminuten zahlt 50 Euro GEMA-Lizenz.
- Für Podcasts mit über 50.000 Downloads pro Monat gelten zwei mögliche Vergütungsmodelle:
  a. Eine Pauschale, die sich ebenfalls am Verhältnis von Downloads/Musikminuten orientiert.
     Beispiel: Der monatliche Tarif bei 58.000 Abrufen und 11 Musikminuten wäre 330 Euro.
  b. Eine prozentuale Beteiligung an den »podcastbezogenen Einnahmen«, also Werbung, Sponsoring, Spenden oder Ähnliches. Sie orientiert sich am durchschnittlichen Musikanteil über alle Podcastfolgen pro Monat hinweg.
     Beispielrechnung:
     Einnahmen des Podcasts pro Monat: 3.000,00 Euro
     Musikanteil: 2,5 Minuten bei insgesamt 50 Minuten/Monat = 0,75 % Vergütung
     0,75 % von 3.000,00 Euro = 22,50 Euro für die GEMA
     Hier leistet sich die GEMA den Luxus, letztendlich zwischen dem Vergütungsmodell a) oder b) dasjenige zu wählen, das in der Summe höher liegt!

Zusammengefasst: Wer viel GEMA-pflichtige Musik in seinen Podcast-Episoden verwenden will, viele Episoden im Monat veröffentlicht, viele Abrufe hat und/oder kräftig Einnahmen durch Werbung/Sponsoring hat, der wird entsprechend hohe Lizenzgebühren an die GEMA zahlen.

Wer aber mit dem Podcast keine riesigen Downloadzahlen hat bzw. keine großen Einkünfte erzielt, aber trotzdem ein paar Musikausschnitte aus bekannten Hits in den Podcast einbauen will, der ist mit der GEMA-Lizenz gut bedient.

Alle weiteren Infos finden Sie hier: GEMA e. V. https://online.gema.de/lipo/podcast

4.3 Audio-technische Aspekte der Podcast-Produktion

Von der schnellen und schlanken Produktion nur mit dem Smartphone bis zur High Class Audio-Perle aus dem Profi-Tonstudio – auch hier ist im Podcast-Universum alles möglich. Inhalt vor Verpackung? Gute Verpackung schadet dem Inhalt nicht, sondern verstärkt ihn. Bei langweiligen Inhalten wiederum nützt die Verpackung auch nichts. Einsteiger sind mit einem USB-Mikrofon und einer kostenlosen Schnitt-Software gut versorgt, Anspruchsvolle lassen besser bei Audio-Agenturen produzieren, die die Profi-Technik schon im Haus haben.

Es gibt technisch gesehen so viele Möglichkeiten und Produkte, dass ich hier nicht zu sehr ins Detail gehen will. Das Netz ist außerdem voll von Empfehlungen und Tipps – und täglich kommen neue Produkte oder Erkenntnisse hinzu. Sie finden also zu jedem technischen Aspekt einen guten Überblick und eine Einschätzung, wie sich der jeweilige Punkt auf Qualität oder Produktion des Podcasts auswirkt.

4.3.1   Mikrofon, Poppschutz, Kopfhörer

Sechs Podcaster, acht Meinungen zum Thema Mikrofon. Hier kommt die neunte! Nein, Spaß beiseite: Das Mikrofon ist die Keimzelle guter Audioqualität. Das gilt für das Mikrofon, in das gesprochen wird, aber auch für das, mit dem unterwegs Interviews, O-Töne, Geräusche aufgenommen werden, einem »Field Recorder«.

Sprechmikrofone
Für das Sprechmikrofon empfehle ich ein Kondensatormikrofon. Das nimmt die Stimme natürlich auf und »drückt« nichts weg. Der Rest ist eine Preisfrage.

Tischmikrofon oder Aufhängung?
Wenn Tischmikrofon, dann nur mit Kopfhörer, damit eventuelle Störgeräusche hörbar sind. Vor allem: Nicht auf den Tisch trommeln oder die Kaffeetasse mit Schmackes absetzen. Die Aufhängung übrigens oder »Spinne« dient dazu, das Mikrofon möglichst unabhängig von jeglichen Vibrationen zu machen.

Stehen oder Sitzen?
Sitzen ist entspannter, Stehen ist gespannter. Die Profis stehen, weil dann mehr Körperspannung möglich ist und das Zwerchfell nicht in der Bauchfalte quetscht. Selbst entscheiden. Tipp: Mindestens aufrecht sitzen, nicht gekrümmt hingelümmelt.

Poppschutz
Der Poppschutz ist zum einen wichtig und heißt zum anderen genau richtig: Er verhindert, dass der Sprecher beim »P« am Anfang eines Wortes ein unschönes »Pophh!« verursacht. Bei vielen Podcast-Mikrofonen/Bundles ist er mit dabei.

Kopfhörer
Wenn das Budget reicht, investieren Sie unbedingt in einen die Ohren umschließenden Over-Ear-Kopfhörer. Nur damit können Sie richtig kontrollieren, was Sie aufneh-

men und ob es Störgeräusche gibt. In-Ear-Kopfhörer sind eher ungeeignet, denn viele schicken Geräusche nach außen – die dann wieder störend auf der Aufnahme landen. Sie kennen das vielleicht vom Nebenmann oder der Nebenfrau auf der Bahnfahrt: »Danke, Ihr Musikgeschmack ist ganz vorzüglich, aber geht das auch leiser?«

Abb. 32: Von links nach rechts: Mikrofone, wie Sie von Podcastern gerne verwendet werden, meist praktische Tischmikrofone mit Poppschutz (Quelle: Rode, t-bone, shure)

Tipp   !

In Kapitel 10 des Buches, ganz am Ende, listen wir Ihnen drei Modelle für die Podcast-Produktion auf – je nachdem, wie Ihre Ansprüche sind bzw. wir groß das Budget ist: Bronze für den Einsteiger, Silber für das mittlere Modell und Gold für hohe Ansprüche. Sie finden dort Tipps für Mikrofone, Kopfhörer, Produktions-Software oder andere Dienstleistungen.

4.3.2 Raum für guten Klang

Hall und Reflexionen – Feinde des guten Tons
Wer einen geeigneten Raum für die Podcast-Aufnahme sucht oder gar einen bauen möchte, darf sich wieder mit zahlreichen tontechnischen Hintergründen auseinandersetzen. Fangen wir so an:

Audiosignale, Töne haben die ärgerliche Eigenschaft, dass sie sich überlagern können. Beim Chorkonzert in der Kirche klingt das fantastisch, der Hall gibt hier das gewisse erhabene Etwas. Bei Sprache ist das unschön, der Hall stört das Verständnis und sorgt gleichzeitig für große Probleme im Schnitt: Der Nachhall des letzten Wortes klingt ins nächste Wort hinein, nach einem Schnitt knallen also zwei Nach-Hall-Töne aufeinander, die nicht zusammenpassen.

Der Raum sollte deswegen so »trocken« wie möglich sein, das heißt: So wenig hallen wie möglich. Tipp: Wenn Sie in einen Raum kommen, in dem Sie aufnehmen wollen, sollten Sie in die Hände klatschen. Wenn das Klatschen schon üppig hallt, besser einen anderen Raum suchen. Vorsicht auch bei großen Fensterflächen oder gekachelten Räumen. Das sorgt für unschöne Reflexionen. Vor allem: Nicht in Richtung der Fenster aufnehmen, wenigstens vom Fenster weg. Geeignet für Aufnahmen sind vollgestellte Büros mit vielen Büchern und/oder Teppichen. Bibliotheken sind ideal oder Lagerräume.

Wenn Sie sich selbst, zu Hause oder im Unternehmen eine optimale Umgebung für Audio-Aufnahmen schaffen wollen: Auch hier gehen die Möglichkeiten von der schallgedämmten Profi-Sprecherkabine bis zum Podcaster-Set am Laptop. Wenn Sie ein einigermaßen gutes Mikro und einen einigermaßen »trockenen« Raum haben, sind die grundlegenden Voraussetzungen erfüllt. Gegebenenfalls probieren Sie, mit Teppichen, Vorhängen, Paravents oder Ähnlichem noch mehr Trockenheit reinzubringen. Ich gestehe: Ganz zu Beginn meiner Podcast-Karriere habe ich unter der Bettdecke gesprochen, das geht auch.

Noch ein Technik-Gadget-Tipp: Suchen Sie im Netz nach dem Stichwort »Akustikschirm« oder »Reflexion Filter«. Das sind nicht allzu teure, mobile Schirme, die Sie um das Mikro herum platzieren können und eine trockene, saubere Aufnahme ermöglichen.

Abb. 33: Akustikschirme verwandeln jeden Raum in ein praktikables Tonstudio (Quelle: Pronomic, Rode, SE Electronics)

Über die App smARt Haufe können Sie hier diverse Beispiele für gute und schlechte Aufnahmen hören. Wie klingt ein »Plopp!« oder ein hallender Raum, wie ein verzerrter Ton, ein schlechtes, aber auch ein richtig gutes Mikrofon. Scannen Sie dazu einfach das folgende Bild.

Abb. 34: Hörbeispiele für gute und schlechte Aufnahmen

4.3.3   Interviews und O-Töne vor Ort aufzeichnen

Hier bietet sich ein mobiler Audiorekorder bzw. Field Recorder an, zum Beispiel von Zoom, Tascam oder Olympus. Die meisten sind selbsterklärend und recht übersichtlich aufgebaut. Sie können mit den eingebauten Mikrofonen verwendet werden, aber auch mit externen Mikrofonen. Letzteres gibt einen noch besseren Klang und macht noch etwas unabhängiger, beweglicher und ermöglicht zielgerichtetere Aufnahmen. Externe Mikrofone brauchen meist einen XLR-Anschluss am Rekorder.

Natürlich gibt es auch technisch einwandfreie Lösungen für das Smartphone. Mehr Infos speziell dazu finden Sie in Kapitel 4.5 »Mobiles Podcasten«.

4.3.4   Interviews aufnehmen, ohne vor Ort zu sein

Inzwischen hat sich unter Podcast-Machern herumgesprochen: Online-Konferenzdienste eignen sich hervorragend, um auch Audio aufzuzeichnen. Wer sich sehen will, schaltet dabei die Kamera ein, es geht aber auch als »Nur-Audio-Lösung«. Oft ist das sehr praktisch: Der Gesprächspartner bekommt lediglich einen Link zur Session per E-Mail, öffnet den Browser – und schon kann die Aufzeichnung des Gesprächs starten.

Moment, da war noch eine wichtige Frage: Wer spricht denn wie und wo hinein, damit das möglichst gut klingt? Vielleicht kennt der ein oder andere diese unangenehm metallisch-digitalen Stimmen »aus der Dose«, wie man sie oft in Podcasts hört. Das geht besser.

Zur Erklärung: Die Online-Konferenz-Software übernimmt zwei wichtige Dinge: Sie schaltet die Gesprächspartner online zusammen und zeichnet alles auf, was gesprochen wird. Für ein gutes Endergebnis ist aber entscheidend: Wer nimmt womit seine Sprache auf, mit einem billigen Headset, einem guten Headset, einem USB-Mikro, einem Profi-Mikro? Entsprechend ist am Ende die Audioqualität. Vorbedingung ist also, dass alle am Gespräch Beteiligten ein möglichst gutes Mikro oder Headset zur Verfügung haben und das auch mit dem digitalen Input von Rechner, Laptop, Tablet oder Smartphone verknüpfen. Absolut wichtig: Geschlossene Kopfhörer! Zum einen, weil es sonst unschöne Rückkoppelungseffekte gibt. Zum anderen sollte mindestens der Gastgeber, der Interviewer, aufmerksam mithören, ob es digitale Artefakte oder andere ungewollte Tonstörungen gibt.

Welches Konferenz-Tool?

Es gibt unzählige Anbieter, nicht alle eignen sich für die Audio-Aufnahme. Das in Corona-Krisenzeiten beliebte Zoom zum Beispiel bekam von vielen Podcastern Abzüge bei der Stabilität der Audioqualität. Je nachdem, was Ihr Podcast braucht, sollten Sie die unterschiedlichen Anbieter auf die jeweiligen Funktionen bzw. Preismodelle checken. Die wichtigsten Fragen aus meiner Sicht:

- Wie viele Gesprächspartner kann ich gleichzeitig zusammenschalten?
- Kann ich auf mehreren Spuren aufnehmen bzw. bekomme ich nach der Aufnahme mehrere Spuren geliefert?
- Ist die Audioqualität ausreichend gut, ist die Verbindung stabil?
- Unterstützt die Software iOS und Windows bzw. mehrere Browser?

Hier eine Vorauswahl von Konferenz-Tools, die von Podcastern gerne genutzt werden:

Cleanfeed (cleanfeed.net)

Der große Vorteil: Der Gesprächspartner muss nichts installieren, sondern lediglich einen Link im Browser öffnen und ist sofort verbunden. Die Audioqualität ist sehr gut, es gibt keine Latenz oder Artefakte. Es können mehrere Spuren als unkomprimierte wav-Dateien abgespeichert werden. Die kostenfreie Version hat ein paar Einschränkungen, die PRO-Version für kommerziellen Einsatz kostet 34 Dollar im Monat.

Ultraschall/Studio-Link (ultraschall.fm, studio-link.de)

Ultraschall ist eine Podcast-Produktions-Software mit integriertem Studio-Link Plug-in für Online-Aufnahmen. Das Plug-in muss aber auch bei den Aufzunehmenden installiert sein. Mehrspuraufnahmen sind möglich, gute Audioqualität, viele Extrafunktionen. Bei der Einrichtung ist ein wenig technischer Sachverstand nötig. Ultraschall ist Open Source, Studio-Link (wenn extra gewünscht) gibt es von kostenlos bis 10 Euro im Monat. Damit sind zum Beispiel auch Livestreams möglich.

Weitere ähnlich funktionierende Tools sind:
- SessionLinkPRO (kostenpflichtig)
- Squadcast (kostenpflichtig)
- Zencastr (kostenlos mit Einschränkungen, kostenpflichtig)

Skype ist inzwischen als direkte Aufnahmemöglichkeit eher »out«, dafür ist die Klangqualität im Vergleich zu den anderen Möglichkeiten (siehe oben) zu schlecht.

Plan B: Wenn der Gesprächspartner kein Mikro oder Headset hat
Per Skype oder auch per Festnetz (es braucht ja kein Video) zusammenschalten, das Gespräch nimmt aber jeder für sich in möglichst guter Qualität auf – in einen Rekorder/Diktiergerät oder auch ins Smartphone. Anschließend schickt der Gesprächspartner die Dateien an den Produzenten, der sie weiterverarbeitet.

Ähnlich funktioniert auch die Smartphone App von Microsoft Teams. Hier muss mindestens ein Teilnehmer als Organisator die nötigen Lizenzen/Freigaben für eine Aufnahme haben. Auch möglich: Ein USB-Mikro oder Headset an den Gesprächspartner schicken – plus kurzer Anleitung, wie er die Sprache in den Rechner bekommt. Hier muss man halt darauf vertrauen, dass das Mikrofon auch wieder zurückgeschickt wird.

Eines ist bei allen Varianten für gute Audioqualität und für optimale Nachbearbeitung wichtig: Wenn es die Software anbietet, besser im unkomprimierten wav-Format aufnehmen. Der Hintergrund: mp3 ist ein komprimiertes Format, also bereits heruntergerechnet. Wer ein mp3 nimmt, schneidet, bearbeitet und dann wiederum als mp3 ausspielt (also nochmal herunterrechnet) – der bekommt eine zweimal komprimierte Datei und das kann richtig schlecht klingen.

4.3.5   Setup für Diskussionen und Tischgespräche

Mehrere Personen an einem Tisch oder auf einem Podium, jeder ein Mikro – und alle zusammen aufnehmen: Das ist eher was für Tontechnikprofis. Grundsätzlich gilt: Jeder Teilnehmer muss in ein Mikro sprechen. Das kann ein Tischmikro oder ein Ansteckmikro sein. Tischmikrofone, wenn sie Kugelcharakteristik haben, können von allen Seiten besprochen werden. Dann braucht es sogar nur eines oder wenige für mehrere Personen, wenn sie nah um das Mikro herumsitzen. Ansteck-Mikrofone werden an Hemd, Jacke oder Bluse geklemmt und sollten möglichst nicht an der Kleidung scheuern beim Sprechen.

Damit alle gemeinsam aufgenommen werden können, braucht es außerdem:

- einen portablen Audiorekorder (siehe Kapitel 4.3.3 »Interviews und O-Töne vor Ort aufzeichnen«)
- ein Mehrkanalmischpult mit mindestens so vielen Kanälen wie es Gesprächsteil-nehmer gibt, z. B. von Behringer, Tascam, Yamaha, Mackie

Ein interessantes Produkt speziell für Gesprächs-Podcasts kommt von der Firma Rode. Der Rodecaster Pro (ca. 520 Euro) kann bis zu vier Personen gleichzeitig aufneh-men und weitere Teilnehmer per Smartphone zuschalten.

Tipp: Es sollte sich mindestens eine – möglichst tontechnisch erfahrene – Person um das ganze Setup kümmern: aufbauen, abbauen und bei der Aufnahme permanent den Ton überwachen, gegebenenfalls Lautstärke nachpegeln etc.

Abb. 35: Beispiel für ein Setup zur Aufnahme mehrerer Gesprächspartner an einem Tisch

4.3.6   Laut oder leise – die Mitte finden

Audiosignale müssen für die Weiterverarbeitung zunächst in elektrische Signale umgewandelt werden. Das erledigen Mikrofon bzw. Rekorder oder Aufnahme-Soft-ware. Dabei ist peinlich genau auf den Lautstärkepegel zu achten: zu leise ist schlecht, zu laut ist ganz schlecht. Ist der Pegel nämlich zu hoch, verzerrt der Ton – und das ist nicht mehr zu reparieren, mit keiner Restoration-Software der Welt. Ist der Pegel zu niedrig, das Audiosignal zu leise aufgenommen, gibt es ebenfalls ein Problem: In der weiteren Verarbeitung muss das Signal lauter gemacht werden. Dadurch werden aber auch Störgeräusche wie Rauschen oder Nebengeräusche (z. B. Klimaanlage, Lüftung oder Ähnliches) parallel lauter, sie werden »mit hochgezogen«. Optimal ist ein Lautstärkepegel, der »Luft« nach oben lässt, die Profis nennen es »Headroom«. Eben nicht zu laut und nicht zu leise.

Tipp: Aufnahmegerät oder Software sollten mindestens in 24 bit aufnehmen, nicht nur in 16 bit. Die höhere Auflösung sorgt dafür, dass beim Anheben der Audiosignale noch Spielraum ist, selbst wenn das Signal leise aufgenommen ist.

Abschließend sei ein – gerade bei Podcasts – oft auftretendes Problem besprochen: Wie laut oder leise sollen die ausgespielten Episoden zum Schluss klingen? Und wie komme ich zu einer einheitlichen Lautstärke aller Episoden? Niemand will mit seinem Podcast lautstärkemäßig »untergehen«, dem Hörer aber auch nicht das Ohr wegblasen. Aber: Die Hosting-Dienste bzw. die Portale, von Apple bis Spotify gehen technisch recht unterschiedlich mit den Dateien um. Manche bestrafen zu laute Mischungen und ziehen Lautstärke ab.

Glücklicherweise gibt es mit dem »Loudness Penalty Analyzer« ein ausgefuchstes Tool im Netz bzw. ein Plug-in, das hier Unterstützung bietet. Dort kann jeder seine Master-Dateien checken lassen, wie sie hinsichtlich der Lautstärke von den gängigen Portalen bewertet werden. Sagt das Ergebnis, dass unser Mix zum Beispiel für Spotify 3 dB zu leise ist, dann heben wir ihn eben um 3 dB an. Dabei weichen die Ergebnisse, je nach Plattform, etwas voneinander ab. Aber im Mittel lassen sich einheitlich laute und von den Plattformen optimal ausgespielte Dateien/Episoden erreichen.

Abb. 36: Lautstärke-Test mit dem Loudness Penalty Analyzer (Quelle: loudnesspenalty.com)

4.3.7   Schnittsoftware

Eine Software für den Schnitt ist unerlässlich. Mindestens müssen Sie Ihre Audiodatei vorne und hinten abschneiden und im gewünschten Format ausspielen. Wer
einen Laber- oder Interview-Podcast macht, den er nur wenig bearbeiten, schneiden
will, der ist mit einer kostenlosen Einsteiger-Software bestens versorgt. Über dieses
Grundlegende hinaus steckt in jedem Audio-Schnitt-Programm natürlich unendlich
viel mehr.

Wer mehr Elemente in seiner Audioproduktion unterbringen will, also mehrere Sprach-
Spuren, zum Beispiel Jingles, Musik, Atmo, Geräusche, braucht eine anspruchsvollere
Schnitt-Software. Je mehr die hohe Schule der Audioproduktion zum Einsatz kommen
soll, desto eher braucht es Software mit vielen Funktionen. Dann sollte die Software
diese beiden Schnitt-Möglichkeiten haben:

»**Single Track**«: Eine einzelne Spur, in der man einzelne Clips »sauber« schneiden kann,
also Spuckerisse, Klacker und alles, was stört, raus; zu viele »Ähs…« raus, überflüs-
sige Passagen raus etc. (siehe Kapitel 4.4). Wichtig: Wenn die einzelnen, geschnittenen
Clips später montiert werden sollen: Immer einzeln abspeichern und immer unkom-
primiert, also als FLAC oder wav (Windows) oder AIFF (MacOS).

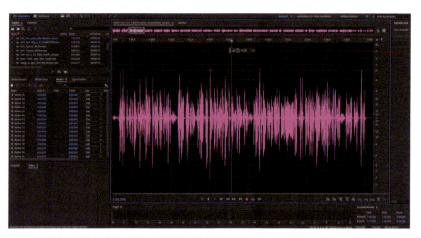

Abb. 37: Eine Single-Track-Spur aus Adobe Audition

»**Multi Track**«: Mehrere Spuren, in denen die einzelnen Clips montiert, angeordnet, zu
einem Gesamtwerk verwoben werden (siehe Kapitel 4.4).

Beispiele für kostenlose Einsteiger-Software:
*   Audacity – Windows, MacOS, Linux
*   ocenaudio – Windows, MacOS, Linux

- Apple Garage Band – MacOS
- Audiomass.co – webbasierter Audio Editor, nur englisch

Schnittsoftware mit erweiterten Funktionen:
- Adobe Audition – ca. 24 Euro im Abo/monatlich – Windows, MacOS
- Hindenburg Journalist – ca. 85 Euro – Windows, MacOS
- Reaper + Ultraschall – ca. 60 Euro Windows, MacOS, Linux

4.3.8   Die Nachbearbeitung von Audioaufnahmen

Etwa zur Zeit der Beatles erfanden Toningenieure die ersten »Werkzeuge«, um Aufnahmen nachzubearbeiten, noch besser klingen zu lassen. In den legendären Abbey Road Studios etwa entstanden die ersten Mischpulte mit Equalizern und Kompressoren. Diese Werkzeuge sind auch heute noch die erste Wahl, um Audioaufnahmen zu verbessern. Was genau machen diese Tools?

Equalizer kennt man seit den Verstärkern für die Stereoanlage. Da gab es die beiden Regler für Bass und für Höhe (engl. Bass und Treble). So funktioniert ein Equalizer in der Tonbearbeitung auch, mit dem Unterschied, dass es noch mehr Einstellungen gibt: Regler für sehr tiefe Bässe, für höhere Bässe, für tiefere Höhen und für höhere Höhen. So in etwa.

Stellen Sie sich vor, Sie haben einen älteren männlichen Sprecher aufgenommen. Er hat eine schöne sonore Stimme, die aber fast zu tief ist und »grummelt«. Ein wenig die tieferen und höheren Bässe rausdrehen, et voilà, schon angenehmer. Umgekehrt bietet es sich an, bei besonders hohen Frauenstimmen die hohen Frequenzen etwas zu verringern. Es ist nachgewiesen, dass schrille Frauenstimmen nicht gut ankommen in den Ohren der Hörer, männlicher wie weiblicher. Nicht zuletzt deswegen senkte Margaret Thatcher ihre Stimme mithilfe von Sprechtraining um etwa eine halbe Oktave – aber das nur nebenbei.

Der Kompressor ist der große »Gleichmacher«, vereinfacht gesagt. Er gleicht die Lautstärke des Audiosignals entlang eines festgelegten Schwellenwerts (Threshold) an. Ziel ist eine Sprachaufnahme mit ausgewogenen Frequenzen und einer ausgewogenen Lautstärke. Ähnlich funktioniert auch der Limiter. Er setzt dem Audiosignal sinngemäß eine Grenze nach oben.

Darüber hinaus gibt es in der digitalen Audio-Nachbearbeitung unzählige praktische wie kunstvolle Effekte und Plug-ins. Der De-Esser zum Beispiel kann ein wichtiges Werkzeug sein, wenn S-Laute unangenehm zischeln. Andere Plug-ins können auf Sprache oder Musik verschiedene Räume simulieren, dann klingt die Aufnahme eben nach Kirche, Stadion, Club oder Schwimmbad. Andere Effekte können Nebengeräusche filtern, die Sprache beschleunigen (»Fragen Sie Ihren Arzt oder Apotheker«) oder Comedy-Effekte in die Stimme zaubern.

Die meisten Audio-Schnittsysteme (siehe Kapitel 4.3.7), auch die kostenlosen, kommen mit einer Grundausstattung an Werkzeugen daher. Equalizer und Kompressor/Limiter sind meist mit an Bord. Für feinere Bearbeitungen braucht es dann eben teurere Software oder zusätzliche Plug-ins.

Abb. 38: Kompressor und Equalizer (hier: Third Party Plug-ins) in der Software Audition

Wem das alles zu viel Audio-Voodoo ist, dem sei Auphonic empfohlen. Das ist eine automatische Audio-Postproduktions-Software, die Audiodateien über alle Parameter hinweg optimiert, soweit möglich. Das ist dann wie bei anderen Handwerksberufen: handgefertigtes Designermöbel oder Massenware vom Möbeldiscounter? Das muss jeder für sich entscheiden.

Audio-Nachbearbeitung der feinsten Art in einem Podcast? Wie unterschiedlich nachbearbeitete und nicht bearbeitete Audiodateien klingen, was Kompressor, Equalizer und Co. leisten können, das hören Sie in einem weiteren Audio-Beispiel. Scannen Sie dazu einfach mit der App SmARt Haufe das folgende Bild.

Abb. 39: Hörbeispiel zur Nachbearbeitung von Audiodateien

4.3.9   Ausspielung, Dateiformate, Komprimierung

Noch mal ein bisschen Audio-Voodoo, diesmal: digitale Audioformate! Eigentlich gibt es nur zwei unterschiedliche: komprimierte (heruntergerechnete) und unkomprimierte (verlustfreie). Beim unkomprimierten Format ist mp3 der Goldstandard, auf mp3 hat sich die ganze Audio-Welt geeinigt. Verlustfreie Formate gibt es verschiedene:

1. WAV (Wave Form Audio) – für die Windows-Welt
2. AIFF (Audio Interchange File Format) – für die MacOS-Welt
3. FLAC/OGG (Free Lossless Audio Codec) – für die Open-Source-Welt

Meine deutliche Empfehlung lautet: Arbeiten Sie während des gesamten Produktionsprozesses durchgehend mit verlustfreien Formaten (WAV oder AIFF) in 44.1 kHz Abtastrate und 24 bit. Diese Werte können Sie in der Software, im Aufnahmegerät etc. einstellen. Auch das Masterfile, die fertige Produktion, speichern Sie als WAV/44.1 kHz/24 bit. Das können Sie – verlustfrei – nachbearbeiten, falls doch irgendwann Änderungen anstehen.

Zum Hochladen in die Audioportale, zum Hoster etc. braucht es im letzten Schritt ein kleineres File – da kommt dann mp3 zum Einsatz. Vergessen Sie das WAV-Masterfile aber auf keinen Fall! Wenn Sie nur das mp3 haben, um eventuelle Änderungen durchzuführen, dann arbeiten Sie an einem komprimierten File, das beim Ausspielen wiederum komprimiert wird. Dann komprimiert gegebenenfalls der Hosting-Anbieter oder das Audioportal noch ein bisschen und das End-End-End-Ergebnis hört sich qualitativ richtig schlecht an.

4.4 Inhaltlich-technische Aspekte der Podcast-Produktion

Wenn alles »im Kasten« ist, geht es an die Produktion der einzelnen Episoden. Jetzt wird es zum einen spannend und zum anderen kann noch unglaublich viel schiefgehen. Ob ein filigranes Audio-Meisterwerk entsteht oder eine durchschnittlich-langweilige Podcast-Episode, entscheidet sich auch in der Nachbearbeitung.

Hier scheint es zwei Denkschulen zu geben, die ich Ihnen kurz skizzieren möchte, weil sie auch Ihnen möglicherweise in Artikeln, Blog-Einträgen, Kommentaren in Social Media etc. unterkommen. Nach mehr als zehn Jahren Diskussionen über den schönen, guten, wahren Podcast und wie er zu sein hat, unterscheide ich zwei Gruppen – und ich überspitze jetzt etwas, Verzeihung:

Die Authentizitäts-Apologeten
Als wären Schnittfunktion, Equalizer oder De-Esser mit einem Selbsttötungsmechanismus gekoppelt, wird (fast) nichts nachbearbeitet. Gesprochenes Wort zu schneiden gilt als Blasphemie, weil das die Authentizität des Gesagten zerstört. Oder diese Funktionen/Werkzeuge sind schlicht nicht bekannt. Ob ständige »Ähs«, Darth-Vader-Atmer oder langatmige, redundante Passagen, alles bleibt drin. Auch Plug-ins und andere Effekte sind verpönt, weil sie den Podcast so »glatt«, so radiomäßig machen.

Die Postproduktions-Prediger
Sie haben eine intime Beziehung zu den Themen Schnitt und Postproduktion und setzen sie gerne ein, um dem Hörer ein möglichst optimales Hörerlebnis zu bieten. »Ähs« zum Beispiel schneiden sie raus, wenn sie wirklich zu oft nerven, aber eben nicht alle, weil das tatsächlich etwas unmenschlich, glatt wirkt. Es gilt, das eine zu tun und das andere nicht zu lassen. Hat die Sprecherin eine besondere Persönlichkeit, muss ihre Authentizität natürlich erhalten bleiben. In der Postproduktion Störendes rauszunehmen und alles Positive, Passende beizubehalten bzw. sogar zu verstärken, ist für sie die hohe Schule.

Sie können ja kurz darüber spekulieren, zu welcher Fraktion ich gehöre …

4.4.1 Goldener Schnitt – Es gilt das gesprochene Wort

Bei komplexeren Podcast-Projekten sind Schnitt/Montage der Audio-Bestandteile die hohe Schule, die Kür. Aber auch bei Interview-Podcasts lohnt es sich, kritisch zu hören: Gibt es Passagen, die schwach sind? Bei denen die Gesprächspartner allzu sehr abschweifen oder schlicht Unwichtiges sagen? Warum nicht rausschneiden? Das gilt übrigens auch für die eigene Sprache, die eigenen Fragen oder Moderationen. Manchmal erstreckt sich eine einzige Frage an einen Gesprächspartner über mehrere Minuten, weil sich der Podcast-Host lieber selbst reden hört, als endlich den Partner zu Wort kommen zu lassen.

Nicht vergessen: Ein Podcast soll den Hörer unterhalten, er soll ihn nicht quälen oder in Trance versetzen. Ausnahme: Einschlaf-Podcasts.

Was also sind die Regeln für einen guten, goldenen Schnitt?

Gleich eine wichtige Grundregel für den digitalen Schnitt: Wenn Sie die Klinge anset-zen, immer von Wellental zu Wellental oder von Wellenberg zu Wellenberg schneiden. Trifft ein Tal- auf einen Berg-Schnitt, gibt es einen unschönen Knack-Laut. Sie können es ja mal ausprobieren.

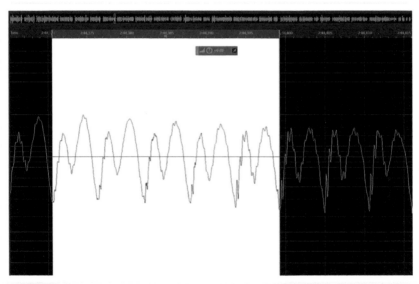

Abb. 40: Markierung/Schnitt von »Wellental zu Wellental« (in Audition/Adobe)

Weitere wichtige Anlässe für den Einsatz des Schnitt-Tools können sein:

a) Digitalspratzler, Klacker, Spuckerisse

Wenn die Sprache schmatzt, klackt, ploppt oder fumpt, ist das meistens in der digita-len Hüllkurve, der Audio-Welle, gut sichtbar. Tipp: Die Stelle mehrmals anhören und die Stelle markieren (wenn Funktion vorhanden). Ist dort eine plötzliche Verdickung in der Kurve sichtbar – raus damit.

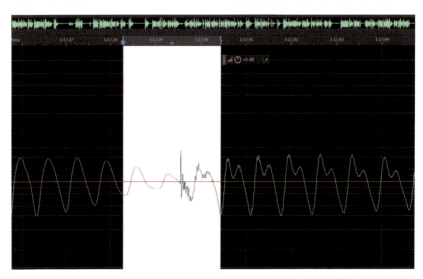

Abb. 41: Markierter Spucke-Riss bzw. »Klacker«

b) Plopps und Co.

Der Plopp-Schutz kann es nicht immer richten. Ein P oder T oder K rummst so gewaltig, dass es unangenehm klingt. Schnelle Abhilfe: Einfach die allererste größere Auf-ab-auf-Kombination rausschneiden.

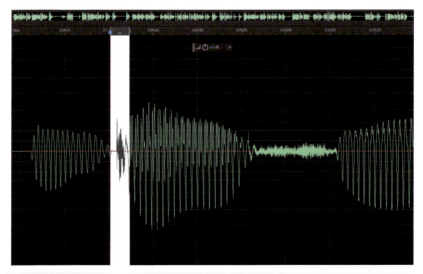

Abb. 42: Markierter Auftakt eines »P«, das geschnitten werden kann

c) Ähs und Ähms

Die Gretchenfrage, wie viele Ähs und Ähms erträglich sind, beantwortet jeder anders. Ich empfehle, beim Hören ein Gefühl dafür zu bekommen, wie sehr die Ähs und Ähms den Sprachfluss stören. Einige oder viele können rausgeschnitten werden, bei Laber- oder Interview-Podcasts sollten es aber nicht alle sein. Das macht die Gespräche künstlich, unmenschlich. Je literarischer oder hörspielartiger der Podcast aber ist, desto sauberer wird er vermutlich geschnitten und produziert werden.

d) Atmer

Auch hier gilt: Ein Monolog oder Interview ohne Atmer klingt unnatürlich. Es gibt aber solche und solche Atmer: leisere, unauffällige und röchelnde, laute nach Darth-Vader-Art. Wenn die Zeit dafür da ist, rate ich dazu, »Darth-Vader-Atmer« leiser zu fahren, also zu markieren und die Lautstärke etwas abzusenken. Atmer können aber auch zur Reparatur missglückter Schnitte dienen. Wenn der Übergang bei einem Schnitt abgehackt, also unnatürlich klingt: Ein von anderer Stelle hineinkopierter Atmer kann helfen.

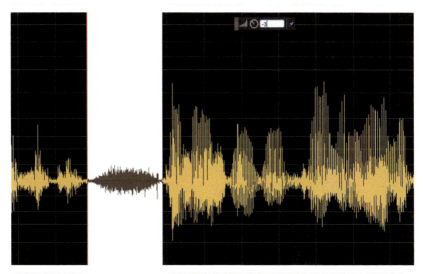

Abb. 43: Klassischer, lauter Atmer, der gegebenenfalls leiser gemacht werden sollte

e) Versprecher oder Grammatikfehler

Jetzt bekomme ich wahrscheinlich mit den Authentizitäts-Apologeten Ärger. Aber ich gestehe: Wenn mein Gesprächspartner an sich hervorragend spricht, aber leider, leider eine grammatikalische Unwucht im Satz hat oder sich blöd verspricht – und der Satz unverständlich wird: Dann schneide ich den Satz um, wenn es möglich ist, damit er richtiger, verständlicher ist. Das geht sogar so weit, dass ich Wörter oder Passagen aus völlig anderen Teilen des Texts herauskopiere und woanders einfüge, wenn dort ein Wort oder Ähnliches zum Verständnis fehlt. Ist das schon Manipulation? Bei der Rede eines Politikers würde ich das eher nicht machen, beim Schnitt »normaler« Menschen eher schon. Und natürlich: immer mit Bedacht und Fingerspitzengefühl.

Vorher – Nachher: Über die App SmARt Haufe können Sie sich anhören, was die oben genannten Bearbeitungen bringen. Wir haben uns bemüht, eine Aufnahme mit all den kleinen erwähnten Fehlern zu füllen – und sie in einer bearbeiteten Version zu entfernen. Entscheiden Sie … was hört sich besser an? Scannen Sie einfach mit Ihrem Smartphone das folgende Bild.

Abb. 44: Bearbeitung einer Audioaufnahme (Hörbeispiel)

4.4.2 Montage – die hohe Schule

Für die finale Mischung einer Podcast-Episode werden alle vorhandenen Audioaufnahmen in die Audiosoftware geladen. Je nach Aufwand, der für den Podcast betrieben werden soll, können das eine Menge Audio-Schnipsel sein: Musikalisches Intro, Musikbett, Sprache (Originaltöne), akustische Trenner wie auch Geräusche und Sound-Effekte etc. Je komplexer die Produktion ist, desto eher wird ein Drehbuch vonnöten sein, dass genau angibt, wann und wie welches Element zu montieren ist.

Es empfiehlt sich außerdem, auf mehreren Spuren zu arbeiten (siehe Kapitel 4.3.7 »Schnittsoftware«, Multitrack-Funktion). Das heißt, ähnlich klingende Elemente kommen für eine konsistentere Weiterbearbeitung jeweils auf eine Spur, also in etwa:

- alle Verpackungselemente (Intro/Musikbett/Outro) auf eine Spur
- die einzelnen Sprecher jeweils auf eine eigene Spur
- Geräusche, Atmo, Effekte auf eine Spur

Für die finale Abmischung, den Mix, sollten dann noch alle Audio-Elemente hinsichtlich der Lautstärke wie auch klanglich angepasst werden. Das kann in den einzelnen Audio-Clips geschehen oder in den jeweiligen Spuren. Ganz zum Schluss kommt noch der Limiter drüber. Dann sollte der finale Mix aus einem Lautstärke-Guss sein.

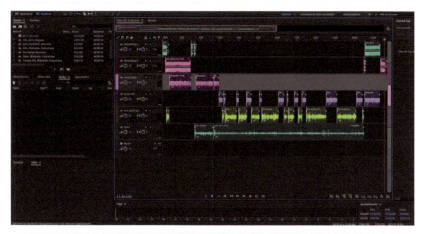

Abb. 45: Eine Multi-Track-Session aus Adobe Audition

Noch ein paar feine Tipps aus der Radio-Schule? Bitte gerne:

Einsatz von Blenden (Weg-/Kreuz-/Über-Blenden) – Kopfhörer auf! Die meisten Podcast-Hörer hören ebenfalls mit Kopfhörern, schräge oder heftige Blenden schmerzen da besonders.

Musik unter Sprache? Kann ein schöner Effekt sein, aber achten Sie immer auf die Verständlichkeit der Sprache. Mit und ohne Kopfhörer testen und andere gegenhören lassen. Im Zweifelsfall regeln Sie den Musikpegel etwas herunter. Tipp vom Profi: Beim ersten Einsatz von Sprache über Musik nicht schon *vor* dem ersten Wort die Musik runterfaden, sondern exakt *mit* dem ersten Wort.

Einer Ihrer Interviewpartner bleibt am Ende eines Satzes mit der Stimme oben, der Satz klingt wie eine Frage, statt wie ein Satzende? Blenden/Faden Sie das letzte Wort ganz leicht aus, das lässt die Sprache zumindest »zum Schein« etwas runtergehen.

4.4.3   Ansprechhaltung – Skript oder drauf los

Bei der Frage der Ansprechhaltung kommt es mal wieder auf das Format an, die Zielgruppe und wie viel Know-how die Podcast-Beteiligten haben bzw. was für Typen sie sind. Letztendlich muss jeder wissen: Brauche ich ein Gerüst, einen Text oder mindestens Stichworte oder kann/möchte ich einfach drauflos sprechen? Fingerspitzengefühl ist auch hier nicht von Nachteil: In einem Interview-Podcast muss ich flexibel auf den Gesprächspartner eingehen. Dann ist ein Fragenkatalog mit Stichworten sicher hilfreich. Die Fragen wortwörtlich vorzulesen, klingt eher steif. Generell: Frei sprechen sollte, wer keine Sprechausbildung hat.

Eine machbare Variante beim Interview-Podcast ist folgende: Nur die Antworten aufnehmen und die Fragen später nachsprechen und das Interview neu montieren. Warum nicht? Der inhaltliche Zusammenhang muss natürlich bestehen bleiben! Der Vorteil: Oft kann man hier knackigere, passendere Fragen formulieren, einfach, weil die Antworten schon bekannt sind. Das »Fragen nachsprechen« sollte allerdings gelingen und natürlich klingen. Das ist auch wieder Typsache, Erfahrungssache.

Grundsätzlich ist vor allem für Laien oder Semi-Profis mein Vorschlag: Schreiben Sie mindestens Stichpunkte in ein Skript, an denen man sich entlanghangelt, aber lesen Sie keinen festen Text ab. Sprech-Laie plus vorgefertigtes Skript ist meistens eine unselige Kombination. Ausformulierte Texte sprechen will gelernt sein, ohne Sprechausbildung kann das schnell leiernd, unprofessionell, ungelernt und damit peinlich klingen.

Je montierter, aufwändiger bzw. hörspielartiger ein Podcast ist, desto eher braucht er ein ausgefeiltes Skript und professionelle Sprecher/Schauspieler. Spätestens nach Storytelling-Regeln konzipierte Podcasts brauchen ein detailliertes Skript mit allen nötigen Angaben für Produktion und Montage. Hier ein Beispiel:

Trio Kolenka	*„.... es lacht der blaue Himmel ... niemals war die Welt so wunderschön!"*
Doris	*(Musik, emotional unterstützend)* Ich kenne Lilly und Frank schon ein bisschen länger. Wenn ich also eine Konstante in Franks Kindheit und Jugend benennen sollte. Ich würde sagen: Liebe und Schwierigkeiten ... dann wieder viel Liebe und wieder bekackte Schwierigkeiten ... *(Musik fadet aus)*
	Feuchtfröhliche Familienfeste mit handfesten Streitigkeiten am Ende. Ein zweites Kind, ein Bruder. Geldsorgen ... aber auch das vom Vater selbst gebastelte Kasperletheater ... in dieser 60er-Jahre-Kindheit ereignete sich etwas ganz und gar Ungeheuerliches: Das Kind kommt mit ernster, klassischer Musik in Berührung. Mutter Lilly erinnert sich noch ... kaum daran:
Lilly	Ganz schwach. Nur, dass der Herr Ibach gesagt hatte, er hätte eine ganz tolle Stimme.
Doris	Fritz Ibach, Franks Musiklehrer in der Schule. Und Gebhardt Reichmann, der Leiter des Kolping-Chores am Ort. Diese zwei Menschen werfen den allerersten Turbo an. Frank soll im Kirchenchor singen, unter lauter Erwachsenen. Mit 9 Jahren.
	(Glocken Kiliansdom)
	Der Kiliansdom in Letmathe. Eine feste römisch-katholische Burg, ein neugotischer Prachtbau aus hellem Sandstein. Frank zeigt mir, wo – zum ersten Mal in seinem Leben – Menschen begeistert von seinem Talent waren, seiner Stimme.
Doris	*(Schritte im Dom. hallend)* Woa. das ist schon eine ehrwürdige Kirche. sieht

Abb. 46: Manuskript/Drehbuch für den Podcast »Finding Fire« (Arbeitstitel) (Quelle: Medienproduktion München)

4.4.4   Vorne und hinten – die Spannung halten

Es kann auch hier nur Empfehlungen, Tipps geben, wie ein Podcast die Spannung hält bzw. dazu einlädt, ihn auch weiter zu hören. Fangen wir passenderweise vorne an:

Eine weit verbreitete Idee ist es, eine Episode mit einem knackigen Originalton, einem Statement beginnen zu lassen, das später in der Episode noch einmal zu hören ist. Das kann auch eine Collage von mehreren kurzen Tönen sein. Wichtig ist, dass dieser »Teaser-Ton« neugierig macht, aufhorchen lässt. Ein bisschen »Wow!« für die Ohren gleich zu Beginn. Erst danach folgt das Intro des Podcasts und die eigentliche Episode beginnt.

In der Mitte der Episode bietet es sich an, wichtige Punkte bzw. Erkenntnisse zusammenzufassen – denn, nicht vergessen: Gehörtes fließt linear vorbei, das können die Hörer nicht nachblättern. Und damit sie auch weiter dabeibleiben vielleicht – kurz! – darauf hinweisen, was noch Spannendes in der zweiten Hälfte der Episode kommt.

Eine Zusammenfassung der wichtigsten Erkenntnisse oder der tollsten Inhalte ist sicher auch am Schluss jeder Episode sinnvoll. Ansonsten ist das Episodenende der richtige Platz für alle weiterführenden Informationen: Landingpage, Website, Shownotes, Kontakt- und Feedbackmöglichkeiten. Auch für einen eventuellen »Call to Action« (»Bitte bei dieser Aktion mitmachen etc.«) ist spätestens jetzt der geeignete Zeitpunkt. Der Klassiker: »Und bitte hinterlasst eine Rezension auf Apple Podcasts«. Rezensionen auf Apple sind nämlich nach wie vor wichtig für das Ranking dort. Und ganz zuletzt der Tipp: Persönliche Ansprache an die Hörer, Danke sagen und auf die nächste Folge verweisen – auch hier möglichst mit einem inhaltlichen Zuckerl, das neugierig macht.

4.4.5   Don't bore us – get to the Chorus

Dieser Spruch aus der Musikbranche gilt auch für Podcasts: Bitte nicht langweilen. Wenn es einen Punkt gibt, auf den der Podcast zusteuert: Nicht ablenken lassen. Zum Punkt kommen! Unstrukturiertes, ausuferndes »Gelaber« ist ein wichtiger Grund, warum Podcast-Hörer auf »Stop« drücken. Die wichtigsten Fallen:

Ringelpiez mit Redundanz
Vor allem wenn viele Gesprächspartner mit wenig Plan zusammenkommen, beginnen Podcast-Episoden oft mit einer minutenlangen Kakophonie, in der man sich reihum begrüßt, angiggelt, ineinander und übereinander redet. Eine sinnvolle Gesprächsführung ist nicht mal ansatzweise zu hören und schneiden kann man so ein Chaos am Ende auch nicht. Wenn eine Gruppe aus lauter begnadeten Komikern besteht, mag das charmant sein, wenn nicht, ist es eher peinlich. Wenn Sie also mehr als zwei Menschen in einen Podcast zusammenbringen wollen, dann planen Sie: Wer hat den Hut auf, wer versucht, das Gespräch zu strukturieren, zu moderieren? Geben Sie eine »Funkdisziplin« vor, an die sich alle halten … weitestgehend.

Interviewer mit Monolog-Manie
Sie haben einen Interview-Podcast und wollen von Ihrem Gesprächspartner interessante Antworten bekommen? Dann fragen Sie, was Sie wissen wollen. Klar und verständlich. Größter Fehler: Minutenlang die eigene Expertise zum Besten geben, bis weder der Gesprächspartner noch der Zuhörer weiß, was eigentlich die Frage war. Abgesehen davon, dass das unhöflich gegenüber dem Interviewpartner ist und nur die eigene Selbstverliebtheit demonstriert.

4.5   Mobiles Podcasten – für ganz Eilige

Eigentlich lässt sich dieses Buch auch auf dieses Kapitel reduzieren: Ein Smartphone ist im Prinzip alles, was es für die Produktion eines Podcasts braucht: Aufnahmefunktion starten – sprechen – stoppen – Audiodatei per App zum Hosting-Anbieter oder Ähnliches hochladen, Cover und Beschreibung dazu – fertig. Also … theoretisch ist das so einfach. Produktionstechnische Feinheiten wie ein genauer Schnitt oder das Montieren verschiedener Töne oder Audio-Spuren sind nicht möglich.

Tools für mobiles Podcasten   !

Ansteckmikros für Smartphones:
- Shure Motiv MV88 (Aufsteckmikro, iOS Geräte)
- Rode SmartLav (Lavaliermikro, iOS und Android)
- iRig MIC Cast (Aufsteckmikro, iOS und Android)
- Yellowtec iXm (extern, Aufnahme auf SD-Card)

Apps für mobiles Podcasten:
- Hindenburg (iOS)
- Anchor (iOS und Android)
- Mobile Podcaster (iOS)
- Auphonic (iOS und Android)
- Ferrite (iOS)

DIE WICHTIGSTEN ERKENNTNISSE AUS KAPITEL 4

- Texte für Audioproduktionen sollten den Regeln des »Schreiben fürs Sprechen« folgen.
- Für Interviews lohnt es sich, die Tipps der Profis zu beachten.
- Akustische Wiedererkennung macht den Podcast professionell.
- Vorsicht beim Einsatz von Musik (GEMA!).
- Wer Hochwertiges verkauft, sollte auch einen technisch hochwertigen Podcast haben.
- Authentisch und unbearbeitet oder sorgfältig und nachbearbeitet? Entscheiden Sie …

5 Veröffentlichung – Der Podcast muss an die frische Luft

Der entscheidende Schritt – der Podcast muss an die Öffentlichkeit, damit er gefunden und gehört wird. Das hat zwei Ebenen: Die rein technische bezieht sich darauf, wo die Podcast-Dateien gespeichert werden, wie der Podcast seinen RSS-Feed bekommt, bis zu der Frage, wie die Downloads etc. gezählt werden. Die andere Ebene ist die Frage, wie mein Podcast Hörer findet, Reichweite bekommt. Beide Ebenen werden in den nächsten drei Kapiteln erläutert. Wobei der erste Schritt ist, ein »Zuhause« für den Podcast zu finden. Stichwort: Hosting.

Natürlich kann jeder seinen Podcast auf der eigenen Website, dem eigenen Server hosten. *Aber*: Das ist technisch anspruchsvoll, jemand mit IT-Hintergrund sollte sich intensiv mit dem Thema beschäftigt haben. Nur so viel: Webserver eignen sich nicht dafür, Audiodateien mit RSS-Feed zur Verfügung zu stellen und zu streamen oder auf einem eigenen Player abzuspielen. Spätestens wenn die Episoden mehr werden und/oder der Podcast durch die Decke geht und die Zahl der Streams, Plays oder Downloads steigt, stellt sich die Frage: Reichen Speicherplatz und Performance? Der Vorteil beim eigenen Hosting: Sie sind jederzeit Herr über Ihren Podcast-Feed und alle Dateien. Und Sie sparen sich ein paar Euro im Monat. Aber sagen wir es so: Es gibt viele, viele Gründe, warum es im Podcast-Universum Hosting-Anbieter gibt.

5.1 Hosting bei externen Anbietern

Die wichtigsten Gründe für einen Hosting-Anbieter: Kein IT-Overkill und kein Speicherplatz-Problem. Außerdem bekommen Sie dort zahlreiche Features, die es rund um die Veröffentlichung von Podcasts braucht. Hier nur ein paar:
- RSS-Feed-Generierung und Support bei Problemen
- automatische Veröffentlichung auf Podcast-Plattformen
- Player für die eigene Website/Landingpage
- tontechnische Verbesserung der Audiodateien
- Statistiken/Auswertungen
- Blog-Funktion (wenn es keine Landingpage/Website zum Podcast geben soll)
- Private/passwordgeschützte Podcast-Feeds

Für welchen Anbieter Sie sich entscheiden, hängt davon ab, welche Features Sie brauchen. Ob Sie den Podcast zum Beispiel auf der eigenen Website einbinden wollen. Auch der Standort des Hosting-Anbieters kann ein Faktor sein. Natürlich bieten die unterschiedlichen Modelle/Tarife der Hoster auch unterschiedliche Leistungen hinsichtlich Speicherplatz, Support oder Umfang der Auswertungen und Statistiken.

Hier eine Liste mit den bekanntesten Hosting-Anbietern (Stand Frühjahr 2020. Aktuelle Konditionen bitte auf den Seiten der Anbieter checken):

- podigee.com (Deutschland, kostenpflichtig)
- podcaster.de (Deutschland, kostenpflichtig)
- stationista.de (Deutschland, kostenpflichtig)
- Letscast.fm (Deutschland, kostenpflichtig)
- libsyn.com (USA, englisch, kostenpflichtig)
- soundcloud.com (kostenlos mit Begrenzungen, kostenpflichtig, Deutschland)
- anchor.fm (App, USA, kostenlos, nicht DSGVO-kompatibel)

Zuletzt soll nicht unerwähnt bleiben, dass es für technisch versierte Podcaster Mischmodelle gibt, bei denen die Dateien extern gelagert, gehostet werden. Der Rest, von RSS-Feed bis Player, wird auf dem eigenen Server vorgehalten.

5.2   Das Auge hört mit – Covergestaltung

Klein, aber oho! So lässt sich zusammenfassen, was beim Cover wichtig ist. In der kleinsten Auflösung nämlich, auf dem Smartphone, ist das Cover gerade mal 18 × 18 Millimeter groß. Das heißt: Titel und Gestaltung müssen erkennbar, klar, übersichtlich und trotzdem auffällig sein. Ein langer Titel, viele oder kleine Buchstaben oder eine kleinteilige Grafik verbieten sich von selbst. Klare Kontraste oder Farben erhöhen die Erkennbarkeit. Gleichzeitig sollte das Cover dem Hörer alle nötigen Informationen geben: Worum geht's, wer macht den Podcast und was für eine Art Podcast ist das? Lustig? Wissensvermittlung? Was für Kinder? Spätestens bei diesem Punkt lohnt es sich, jemanden mit grafischem Sachverstand zu Rate zu ziehen bzw. die Gestaltung gleich Profis zu überlassen.

Wie stelle ich einen Podcast über Beziehungsprobleme dar oder über Leadership? Für so ein kleines Quadrat braucht es große Ideen. An einem langweiligen oder überfrachteten Cover jedenfalls sollte der Podcast nicht scheitern.

Für den Anfang lohnt es sich, quer durch die Podcast-Plattformen zu klicken. Welches Cover fällt auf, was ist gut gestaltet? Podcasts von Prominenten oder anderen Persönlichkeiten haben – logisch – oft das jeweilige Foto auf dem Cover. Auch Foto-Verfremdungen werden gern genommen.

Es geht aber auch ohne Profis: Canva ist ein kostenloses bzw. preiswertes Online-Tool, das Podcaster gerne für die Covergestaltung verwenden. Wer Grafiken, Bilder von Canva benutzt: Lizenzbedingungen sorgfältig checken!

Letztlich sollte das Cover eine Größe von 3.000 × 3.000 Pixel haben, das ist die Größe, die Apple Podcasts zum Beispiel verlangt. Weitere Kennzahlen:
- 72 dpi
- jpg oder png
- RGB-Farbraum (Apple Podcasts erlaubt kein CMYK)
- maximal 1 MB (Empfehlung)

Das Cover wird in den RSS-Feed eingebunden und auf allen Plattformen als Titel-Cover angezeigt. Manche Plattformen oder Podcatcher erlauben auch Episoden-Cover. Die sollten selbstverständlich grafisch an das Titel-Cover angepasst sein – können aber farbliche, grafische Varianten sein. Durch den Austausch von Gestaltungselementen oder Schriften lassen sich die jeweiligen Themen, Folgen oder Staffeln des Podcasts sichtbar machen. Bei einem Interview-Podcast bietet es sich zum Beispiel an, die jeweiligen Gesprächspartner zu zeigen. Wenn es um die Vielfalt von Gewürzen geht, wäre es logisch, das jeweilige Gewürz – photografisch oder stilistisch – darzustellen.

Abb. 47: Vielfalt der Podcast-Cover – Welche fallen ins Auge? (Quelle: fyyd.de)

5.3   Kategorie und Beschreibungen

Überall da, wo es Podcasts gibt, gibt es auch unterschiedliche Kategorisierungen. Auch das erfordert ein wenig Handarbeit und »Gehirnschmalz«. In welche Kategorie gehört mein Podcast? Diese Auswahl gilt es zu treffen. Das passiert entweder beim Anmelden bzw. Hochladen des Podcasts beim Hosting-Anbieter oder händisch auf den jeweiligen Portalen. Meist sind die Kategorien recht allgemein gehalten wie etwa »Wissen«, »Unterhaltung« oder »Kinder und Familie« etwa bei Spotify. Andere Portale wie Apple Podcasts bieten Unterkategorien in einer zweiten Ebene an.

Bei Apple Podcasts können bis zu drei Kategorien ausgewählt werden und es sollten auch alle drei genutzt werden. Das erhöht die Auffindbarkeit. Die zuerst gewählte Kategorie sollte allerdings die wichtigste sein, die Hauptkategorie. Dort wird der Podcast gelistet. Die anderen sind eher die »Passt auch«-Kategorien. Beispiel: Ein Podcast über Yoga ist sicherlich der Hauptkategorie »Gesundheit und Fitness« zuzuordnen. Aber eventuell auch der Kategorie »Spiritualität und Fitness«, denn auch dort wird die Zielgruppe unterwegs sein. Eventuell bietet es sich auch an, eine Kategorie zu nutzen, die noch nicht ganz so voll ist mit Podcasts, um der Konkurrenz etwas zu entfliehen. Den fünfundvierzigsten Podcast über Coaching und Lebenshilfe vielleicht bei »Bildung« einreihen statt bei »Gesundheit«.

Für Corporate- bzw. Unternehmens-Podcasts bedeutet das aber nicht, dass für sie nur die Kategorie »Business« oder »Unternehmen« in Frage kommt. Die Kategorien richten sich nach dem Inhalt. Wenn sich der Podcast also mit Mitarbeiterführung oder Agilität beschäftigt, ist die Kategorie »Unternehmen« goldrichtig. Geht es aber um Mobilität, ist vielleicht die Kategorie »Technik« besser. Bei Apple Podcasts wäre es die Kombination Hauptkategorie: Freizeit, Unterkategorie: Automobilindustrie.

Kurzum: Je nach Thema des Podcasts kann die Wahl der Kategorie eine knifflige Sache sein. Nicht für jedes Nischenthema gibt es eine, die perfekt passt. Da gilt es, flexibel zu sein. Und: Die Kategorien können Sie auch später noch ändern.

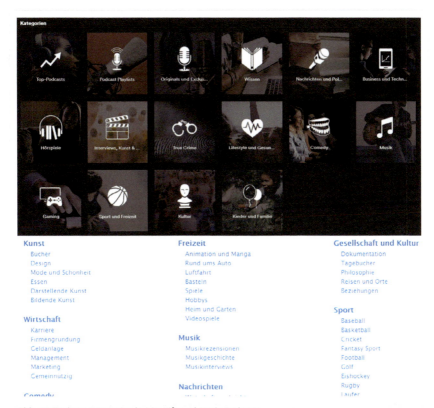

Abb. 48: Podcast-Kategorien bei Spotify und Apple Podcasts

Beschreibungen: Futter für den Algorithmus

Besonders wichtig ist die Beschreibung des Podcasts. Sowohl die allgemeine für den Podcast an sich, aber auch die Episoden-Beschreibung. Die Portale, auf denen Podcasts gelistet sind, sind im Prinzip eigene Suchmaschinen. Ihr Algorithmus durchsucht die Beschreibungen nach Stichworten und listet die Episoden entsprechend. So kommen die kuratierten Playlisten etwa bei Spotify zustande (Klima/Umwelt oder Eltern. Podcast. Kind). Bei Apple Podcasts ist die Aufnahme in die Kategorie »Neu & Empfehlenswert« der Traum aller Podcaster.

Das Haupt-Keyword sollte ja sowieso im Podcast-Titel stecken, mindestens im Untertitel. Weitere relevante Keywords kommen in die Hauptbeschreibung in den Metadaten und in die Episoden-Beschreibungen. Wichtig: Die Beschreibungen etc. können nachträglich geändert werden. Wenn es also aktuelle Entwicklungen gibt und ein zum Podcast passendes Keyword gerade extrem »trendet«: rein damit!

Um eine gute Beschreibung für den Podcast zu finden, hilft es, sich folgende Fragen zu stellen:

- **Wer** macht den Podcast, welche Person oder Organisation?
- **Wer** hat einen Mehrwert durch den Podcast, wem bringt er was?
- **Warum** bringt er was, welche Lücke füllt der Podcast, welche Lösung bietet er?
- **Was** für eine Art Podcast ist es, welche Kategorie, welcher Stil?
- **Wie** oft erscheint er?
- **Was** unterscheidet ihn von anderen Podcasts zu ähnlichen Themen?

Die Antworten auf die Fragen gilt es dann, in eine kurze und prägnante Beschreibung zu verwandeln. Ein Beispiel: *»Der Blutzucker-Podcast gibt Menschen mit Diabetes wichtige Tipps für Alltag, Therapie und Lebensführung. Portraits von Patienten mit Diabetes zeigen, dass die Krankheit das Leben nicht grundlegend beeinträchtigen muss.«*

! Tipp

Vergleichen Sie die Beschreibungen bzw. Informationen von anderen Podcasts auf den jeweiligen Portalen. Vor allem: Checken Sie, wie viel Text jeweils angezeigt wird. In den ersten 120 Zeichen sollten die allerwichtigsten Infos untergebracht werden (siehe Interview mit Tina Jürgens in Kapitel 6.4). Link zur Landingpage/Podcast-Website nicht vergessen!

Die gleiche Sorgfalt gilt für die Episoden-Beschreibungen: Nehmen Sie die wichtigsten Keywords in die Beschreibung und beantworten Sie die Frage: Was erwartet den Hörer in dieser Episode? Spannung aufbauen, neugierig machen. Wieder ein Beispiel:

»In Episode 5 von Blutzucker: Mit Diabetes unter dem Korb – Leistungssport und chronische Krankheit sind für Marie kein Widerspruch. Nervig findet Sie nur ihren Papa mit seinem Kontrollwahn. In den News: Eine neue App für die Kommunikation mit Ihrem Diabetologen und ein Buchtipp für gesunde Ernährung.«

Schön und professionell wirkt es außerdem, wenn die Episoden-Beschreibungen immer ähnlich formuliert sind und nicht wirr und unterschiedlich.

5.4   Shownotes

Übersicht über die Inhalte, Zusatzinfos, weiterführende Links, Persönliches, Kommentarfunktion – die Shownotes sind sowas wie die B-Seite des Podcasts. Sie bieten denjenigen Hörern einen Extra-Service, die noch etwas mehr wissen wollen. Entsprechend sollten die Shownotes im Podcast selbst erwähnt werden (»Mehr dazu erfahrt Ihr wie immer in den Links in den Shownotes.«). Die Shownotes werden beim Hosting-Anbieter eingefügt bzw. auf der Landingpage oder auf dem Blog zum Podcast. Allerdings zeigen sie nicht alle Plattformen oder Podcatcher an, Spotify zum Beispiel tut das nicht. Trotzdem sind sie wichtig als Zusatzservice. Je inhaltlicher, wissensintensiver der Podcast ist, desto wichtiger. Ein Laber-Podcast ohne konkrete Themen kommt vielleicht auch ohne Shownotes aus. Ein News- oder Fach-Podcast über Wissenschaftliches dagegen wird auf vertiefende Inhalte verweisen wollen oder Publikationen verlinken.

Was also sind typische Inhalte für die Shownotes?
* Überschrift (Beispiel: »Episode 5 von Blutzucker: Diabetes und der Basketball«)
* eingebundener Player zum Abspielen der Episode
* Auflistung der Podcast-Inhalte mit Timecodes
* weiterführende Links (Tipp: Link-Verkürzer nutzen)

Ein Punkt, an dem sich die Geister scheiden, sind Transkripte in den Shownotes, also der verschriftlichte Inhalt des gesprochenen Wortes. Für das Podcast-SEO ist das – Stand Frühjahr 2020 – eine Möglichkeit, die Auffindbarkeit des Podcasts zu erhöhen. Denn Google kann dieses Transkript wunderbar auf viele passende Keywords durchsuchen. Je nach Länge der Episode muss jeder selbst entscheiden, ob er so eine Textwüste auf der Landingpage oder im Blog haben will.

Transkripte kann man mühsam selbst erstellen oder von Dienstleistern für kleines Geld machen lassen. Online gibt es entsprechende Portale, auf die man das Audio hochlädt und das Transkript runterlädt. Einfach nach »Audio Transkription« suchen. Der Hosting-Anbieter Podigee bietet diesen Service ebenfalls an, gemeinsam mit seinem Partner Auphonic.

Ganz nebenbei sind Transkripte ein guter Service für Hörgeschädigte oder Gehörlose, die so auch an dem Podcast-Universum teilnehmen können. SEO-technisch erledigen sich Transkripte, sobald Google auch Audio durchsuchen kann (siehe Kapitel 1.4).

! Tipp

Leider zeigen Plattformen und Podcatcher Beschreibungen und Shownotes unterschiedlich an. Spotify zum Beispiel zeigt die Beschreibungen, aber keine Shownotes. Bei Apple ist es mitunter umgekehrt. Fahren Sie der Einfachheit halber beim Hosting-Dienstleister eine Doppelstrategie und kopieren Sie denselben Text (plus Shownotes/Links) in den Kasten »Beschreibung« *und* »Shownotes«.

Abb. 49: Beispiele für Shownotes der Podcasts »Beste Freundinnen« und »Einen Scheiß müssen Sie«

5.5 Kapitelmarken als Service

Noch ein Thema, zu dem es keine eindeutige Empfehlung gibt. Erst mal das Technische: Kapitelmarken zeigen dem Hörer an, wann in der Episode etwas anderes passiert, ein neues Thema behandelt wird oder Ähnliches. Sie sind nichts anderes als eine Markierung mit (teilweise) Zeit- und kurzer Inhaltsangabe. Also in etwa: »3:30 – Paul Müller zu Kapitelmarken«. Erster Vorteil für den Hörer: Er sieht, welche Inhalte ihn eventuell besonders (oder überhaupt nicht) interessieren und kann diese Kapitel gezielt ansteuern oder weglassen. Zweiter Vorteil: Hier ausnahmsweise kann der Hörer doch mal stoppen … nachdenken … und zum Anfang des Kapitels zurückspringen. Nicht zuletzt ist es eine gute Orientierung für diejenigen, die bei längeren Episoden zwischendrin aussteigen und wieder neu einsteigen.

Einfügen, beschriften und teilweise sogar mit kleinen Bildern und Links versehen kann man Kapitelmarken in einigen Schnitt- oder Produktionsprogrammen – oder beim Hochladen der Episode zum Hosting-Anbieter. Wie genau das geht, ist dann in jeder Software ein bisschen anders. Allerdings: Nicht alle Plattformen, Player oder Podcatcher unterstützen Kapitelmarken – aber inzwischen die meisten.

Fazit

Je länger die Podcast-Episoden sind und je mehr sie innerhalb einer Episode völlig unterschiedliche Inhalte enthalten, desto eher sind Kapitelmarken ein guter Service für die Hörer. Bei Storytelling-Podcasts können sie sogar stärkeres Interesse wecken, wenn die entsprechenden Beschreibungen auf die einzelnen Kapitel neugierig machen. Zusätzlich eingebundene (wenn auch kleine) Bilder könnten interessant sein für Podcasts über Fotografie, Kunst, Reise – eben immer dann, wenn Visuelles auch eine Rolle spielt. Dann aber: Urheberrechte/Lizenzen beachten!

Abb. 50: Beispiele für Podcast-Episoden mit Kapitelmarken (Quelle: Resonator Podcast der Helmholtz Gemeinschaft/segelradio.de)

5.6   SEO – Suchmaschinenmarketing für Podcasts

Ob bei Google, Apple, Spotify – jeder möchte gerne mit seinen Podcast-Episoden gefunden, gerankt, empfohlen oder kuratiert werden. Auch dafür gibt es diverse SEO-Stellschrauben, die gedreht werden sollten. Ein Überblick:

Wichtigstes Keyword im Podcast-Titel

Ein Podcast über **Segeln, Social Media** oder den **Sinn des Lebens**? Dann sollte das auch im Haupttitel, mindestens im Untertitel auftauchen. Und zwar sofort und nicht als letztes Wort. Ausführliche Hinweise dazu finden Sie in Kapitel 3.2 »Wie soll der Podcast heißen?«. Genauso: Alle wichtigen Keywords für die Episoden müssen auch im Episoden-Titel und den Episoden-Beschreibungen stecken. Ansonsten gilt das übliche SEO-Procedere: Keywordrecherche mit Tools wie Google Keyword-Planner, Keyword-Sammlung aufbauen und Keywords sinnvoll verteilen.

Richtiges Ranken bei Google

Seit 2019 listet Google in den Suchergebnissen auch Podcasts und zwar überaus prominent auf der ersten Seite – wenn die Suchbegriffe stimmen (siehe oben, Titel/Untertitel). Dazu muss der Podcast lediglich im Google Podcast Manager angemeldet werden (siehe auch Kapitel 5 »Veröffentlichung«). Das Transkribieren der Podcast-Inhalte als Text bietet dem Google Crawler auch gute Ansatzpunkte für die Indexierung (mehr dazu in Kapitel 5.4 »Shownotes«). Wenn es optimal läuft, listet Google sowohl die Podcast-Website wie auch die Episoden selbst weit oben auf Seite eins. Mein Tipp: Suchen Sie bei Google nach diversen Keywords bzw. Begriffen und dem zusätzlichen Suchbegriff »Podcast« und checken Sie, welche Podcasts auf welcher Position angezeigt werden. Dann einfach nachmachen.

Ranking und Empfehlung bei Apple Podcasts

Wer exakt weiß, wie man bei den Geheimniskrämern von Apple zu einem guten Ranking kommt – bitte melden. Bis dahin sind folgende Empfehlungen das Konkreteste, das es gibt:

- Sorgen Sie für möglichst viele neue Rezensionen (Aufruf im Podcast selbst, aber auch wieder nicht dauernd, es soll nicht nerven).
- Veröffentlichen Sie regelmäßig und in möglichst engem Abstand Episoden (vor allem für die ersten Monate wichtig!).
- Lassen Sie beim Bekanntmachen des Podcasts nicht nach: Der Apple-Algorithmus belohnt, wenn es viele Downloads, Aufrufe, Rezensionen in einer bestimmten Zeitspanne gibt, wenn Dynamik erkennbar ist.

5.7   Landingpage, Blog und Website

Warum eine zentrale Website, eine Landingpage oder ein Blog zum Podcast – wo sich doch alles auf den unterschiedlichen Plattformen und Apps abspielt? Grundsätzlich ist das kein Muss. Die Hoster zum Beispiel bieten meist kleine Lösungen wie ein Blog zum Podcast an. Dort sind die wichtigsten Infos wie auch die einzelnen Episoden inklusive Player gelistet. Wer seinen Podcast aber ernsthaft und professionell angeht, der braucht eine zentrale Anlaufstelle, eine Heimat für den Podcast. Schon allein um so wenig schillernde Infos wie Anbieter, Impressum, Feedback-Möglichkeit oder Rechtliches unterzubringen.

Auch SEO-technisch ist eine Extra-Website das beste Mittel, um Hörer zum Podcast zu locken. Entsprechend gelten auch hier die üblichen SEO-Tipps, vom intensiven (aber sinnvollen) Einsatz der Haupt-Keywords und dem Begriff »Podcast« quer über die Seite, in den Snippets etc.

Was die beste Variante ist? Ein Blog? Eine ausführliche Website mit diversen Unterseiten? Das hängt von der Strategie ab, die Sie mit dem Podcast verfolgen, und davon, wie viel Zusatzinhalte es gibt. Ist der Podcast in ein größeres Kommunikationskonzept eingebunden? Gibt es eine Monetarisierungs-Strategie oder sogar Merchandise- und Fanartikel zum Verkauf? Dann gönnen Sie ihm eine eigene Website mit allen nötigen Inhalten, Verlinkungen, Zusatzinfos etc.

Als Quasi-Gold-Standard für viele Podcasts hat sich die Landingpage, ein übersichtlicher One-Pager mit allen kompakten Infos auf einer Seite, durchgesetzt. Die dient als Abo-Falle im besten Sinne. Denn: Letztendlich soll die Landingpage die Menschen dazu verleiten, auf »Abonnieren« zu klicken. Deswegen dürfen Sie dort ein wenig marktschreierisch vorgehen. Die wichtigsten Inhalte sind:
- Podcast-Cover oder Hauptbild, schön groß, evtl. auch ein passendes Bildwelt oder Design quer über die Seite
- coole, spannende Texte zu Inhalt, Strategie, Zielgruppe und Umsetzung des Podcasts
- Wenn es eine Rolle spielt: Infos/Porträts zu den Machern/Moderatorinnen, evtl. auch mit Bild, persönlich, nahbar, neugierig machend
- (möglich): Zitate von Podcast-Hörern »Unglaublich spannend, wie ...«
- Einbindung des Players für alle Episoden, Episodenbeschreibungen, Shownotes, evtl. Kapitelmarken und Transkript der Episoden (siehe Shownotes)
- Abo-Buttons mit Links zu allen Plattformen, auf denen der Podcast abonniert werden kann bzw. zu finden ist (einen Link mit Download-Möglichkeiten der Abo-Buttons gibt es in den Online-Arbeitshilfen auf mybook.haufe.de)
- Social-Share-Buttons, mit denen die Episode geteilt werden kann
- ggf. Donation-Buttons (Flattr, Steady)

Landingpages muss man sehen! In den Online-Arbeitshilfen auf mybook.haufe.de finden Sie eine Liste mit gut gelungenen Landingpages für Podcasts. Hier ein paar erste Beispiele:
- https://www.bestefreundinnen.de/
- https://www.7mind.de/podcast
- https://businessdoc.online/

5.8   Auf welchen Plattformen anmelden und veröffentlichen?

Das können wir recht übersichtlich halten. Auf den folgenden Plattformen sollten Sie auf jeden Fall vertreten sein. Dazu die wichtigsten Infos, was es bei der Anmeldung etc. zu beachten gilt:

a) Spotify – https://podcasters.spotify.com/

Die meisten Hosting-Anbieter laden den Podcast automatisch bei Spotify hoch. Eigenhändig geht es unter podcasters.spotify.com. Nach dem Hochladen sollten die Episoden recht bald (unter einer Stunde) sichtbar sein.

b) Apple Podcasts – https://itunesconnect.apple.com/

Zur Anmeldung braucht es eine Apple ID und ein Konto bei iTunes/Podcast Connect. Das Podcast-Cover muss 3.000 × 3.000 Pixel groß sein. Nach der Veröffentlichung kann es ein paar Tage dauern, bis der Podcast sichtbar ist. Viele User berichten über mannigfaltige Kniffligkeiten, die Apple Podcasts beim Anmelden und Hochladen bereithält. Für die meisten gibt es – nach Stichwortsuche – Lösungen in den entsprechenden Foren, Facebook-Gruppen und Blogs im Netz.

c) Google Podcasts – https://podcastsmanager.google.com/

Damit Google den Podcast findet, muss er beim Google Podcast Manager angemeldet werden oder, wie Google es nennt, der Podcaster muss »die Eigentumsrechte beanspruchen«. Dazu einfach im Google Podcast Manager den RSS-Feed eingeben. Auch die Google Podcast App (Android) zieht sich die Podcasts über den RSS-Feed.

d) Deezer – https://podcasters.deezer.com/submission

Auch auf Deezer können frei verfügbare Podcasts über die meisten Hoster automatisch veröffentlicht werden. Eigenhändig geht es unter podcasts.deezer.com. Deezer braucht etwa einen Tag, um neue Episoden anzuzeigen.

e) Soundcloud – https://soundcloud.com/

Wer den Podcast auf Soundcloud hostet, ist dort sowieso vertreten. Wer das nicht tut, für den bietet die Plattform eher keinen großen Zusatznutzen.

f) TuneIn (voreingestellt bei Alexa) – https://help.tunein.com/de

Da es kein großer Aufwand ist, den Podcast auch bei TuneIn anzumelden, würde ich es empfehlen. Grund: TuneIn ist im Alexa Smart Speaker voreingestellt. Es gibt also eine gewisse Chance, auch dort gefunden zu werden.

g) Youtube – https://www.youtube.com/

Es bleibt dabei: Youtube ist die zweitgrößte Suchmaschine nach Google. Auch Podcasts werden dort gefunden und gehört. Außerdem bietet Youtube etwas, was andere Plattformen nicht bieten: Interaktionsmöglichkeit, Kommentarfunktion. Um also auch diese Reichweite zu nutzen, ist meine Empfehlung: Erstellen Sie mit einem Bild, dem Podcast-Cover zum Beispiel, und der Tonspur ein Video und laden Sie es auf Youtube hoch. Bei manchen Hosting-Dienstleistern ist auch dieser Service im Paket enthalten.

Andere Plattformen wie Podimo oder FYEO ziehen sich den Podcast selbst über den RSS-Feed. Es sei denn, Sie als Produzent widersprechen dem aktiv.

5.9   Rechtliche Fragen der Podcast-Produktion

Auch dieser Punkt hat selbstredend Sorgfalt und Aufmerksamkeit verdient. Und auch da sind – je nach Inhalt des Podcasts – unzählige Dinge zu beachten, die Sie im Zweifelsfall mit einem rechtlichen Berater bzw. mit Ihrer Rechtsabteilung klären müssen. Hier die wichtigsten Punkte:

Urheberrecht

Wie jede schöpferische Leistung hat auch ein Podcast einen Urheber, oder mehrere. Hat nur eine Person den Podcast entwickelt, produziert und veröffentlicht, ist der Fall einfach. Dann ist diese Person alleiniger Urheber und hat alle Rechte. Sind mehrere Personen beteiligt, dann sind sie Miturheber nach §8 UrhG und haben ebenfalls ein Recht, zum Beispiel über die Zukunft des Podcasts zu entscheiden. Das kann im Streitfall knifflig werden. Deswegen im Zweifelsfall: Halten Sie vertraglich fest, wie über alle den Podcast betreffenden Themen entschieden wird.

Interview- und Gesprächspartner

»Augen auf!« gilt auch bei den Interviewpartnern. Wobei das weniger eine rechtli-che Frage als eine Frage der Sorgfalt und des Respekts ist: Natürlich sollten Sie Ihre Gesprächspartner ausführlich informieren, wo und wie das Interview veröffentlicht wird. Das Interview in transkribierter Form oder die fertige Podcast-Episode absegnen zu lassen und das schriftlich (E-Mail) dokumentieren zu können, ist sicher auch von Vorteil.

Verboten ist es, »geheime« Tonaufnahmen ohne Wissen des Aufgenommenen zu machen und sie zu veröffentlichen. Jeder Mensch hat ein »Recht am gesprochenen Wort«.

Musik und GEMA

Ein wichtiges und kompliziertes Thema ist: Musik in Podcasts. Dazu gibt es ausführli-che Informationen in Kapitel 4.2.2 »Musik und Geräusche«. Nur so viel an dieser Stelle. Es gibt folgende Möglichkeiten, in einem Podcast Musik einzusetzen:
- GEMA-Lizenz einholen plus Genehmigung des Labels/der Plattenfirma
- GEMA-freie Musik lizenzieren bei entsprechenden Online-Portalen
- Musik individuell komponieren lassen (Der Komponist wiederum kann aber eben-falls GEMA-pflichtig sein)

Impressumspflicht und DSGVO

Gibt es eine Website, eine Landingpage oder einen Blog zum Podcast, gelten alle Regeln, die allgemein für Websites gelten: Die Seite muss DSGVO-konform sein und unterliegt der Impressumspflicht nach § 5 TMG (Telemediengesetz).

Ausnahme: Wenn Ihr Podcast keine eigene Heimat auf der eigenen Website hat, wenn Sie also nur einen Hosting-Anbieter nutzen: Dann schreiben Sie alles Wichtige beim Anmelden und Hochladen in die jeweiligen »Info«-Bereiche. Das heißt in diesem Fall:
- Name
- Adresse
- E-Mail-Adresse
- Telefonnummer
- USt.-ID (im Fall von Unternehmen, Selbstständigen)

Zu guter Letzt: Vorsicht bei Gewinnspielen oder Ähnlichem. Das unterliegt diversen rechtlichen Regeln und ist deswegen in Podcasts eher nicht einsetzbar. Fragen Sie im Zweifelsfall einen Rechtsexperten.

Weitere rechtliche Aspekte

Natürlich gilt es zudem darauf zu achten, dass im Podcast keine strafrelevanten Inhalte vermittelt werden, es also zu keinen Beleidigungen, Aufrufen zu Gewalt, Rassenhass oder ähnlichen Tatbeständen kommt.

Noch ein Punkt, der für Unternehmen wichtig ist: Wenn Sie eine Agentur beauftragen, die Ihren Podcast produziert, lassen Sie sich das zeitlich unbegrenzte Nutzungsrecht sichern.

Werbung in Podcasts: Verbot der Schleichwerbung, klare Kennzeichnung durch »eine kleine Werbebotschaft« oder »Erst mal eine Nachricht unseres Sponsors«. Ein akustisches Pling und »Werbung« vorne – ähnlich wie im Radio – ist das sicherste.

5.10   Experteninterview mit Sonja Laaser (Rechtsanwältin)

Sonja Laaser   !

Sonja Laaser ist Rechtsanwältin und Begründerin der Kanzlei Laaser in Berlin mit mittlerweile fünf Rechtsanwältinnen und Rechtsanwälten. Sie hat sich auf Mandanten in der Kunst- und Kreativszene spezialisiert und betreut Podcast-Produzenten sowie die Personen, die den Podcast inhaltlich entwerfen und einsprechen (Podcaster).

Doris Hammerschmidt: Inwiefern spielen Podcasts, die Produktion, die Veröffentlichung in Ihrer Mandantschaft eine Rolle? Wen (ganz allgemein) betreuen Sie, mit welchen Themen, Fragestellungen?

Sonja Laaser: Im Bereich Podcasts gibt es Plattformen (Spotify, Podimo, Audible etc.), Produzenten sowie Podcaster. All diese Protagonisten schließen miteinander Verträge, bei denen sie rechtliche Beratung benötigen.

Doris Hammerschmidt: Was sind nach Ihrer Erfahrung rechtlich gesehen wichtige Punkte, was vergessen vor allem Podcaster, die für Plattformen produzieren (Originals) gerne?

Sonja Laaser: Für Podcaster, die sich das Konzept selbst ausdenken und im Rahmen des Podcasts auch die Sprecher sind, könnte es beispielsweise wichtig sein, dass sie für immer den Titel ihres eigenen Podcasts verwenden können und dass dieser nicht der Plattform gehört. Ob auch der Titel der Plattform eingeräumt wird, hängt natürlich von dem Honorar ab, dass die Plattform oder der Produzent bezahlt.

133

Außerdem ist es für viele Podcaster auch wichtig, dass sie keine bzw. nur zeitlich begrenzte Exklusivitätsvereinbarungen vereinbaren. Plattformen lassen sich gerne weitreichende Optionen und einseitige Rechte einräumen – hier besteht häufig Verhandlungsspielraum, auch im Hinblick auf das Honorar.

Bei Podcasts für Plattformen sollte insbesondere auf den Umfang der Einräumung der Nutzungsrechte (Darf ich beispielsweise zu meinem Podcast noch ein Buch herausgeben?), auf die Exklusivität (Darf ich noch mit anderen Plattformen einen Podcast machen?) sowie natürlich auf die Höhe des Honorars geachtet werden.

Ein weiterer wichtiger Punkt betrifft die Einbindung von Werbung. Es sollte vorab geklärt werden, ob und in welcher Form bzw. in welchem Umfang das zulässig sein soll.

Doris Hammerschmidt: Und was mache ich, wenn mein Podcast auf einer Plattform hinter der Bezahlschranke erscheint und ich ihn irgendwann »rauslösen« will. Muss so etwas vorher im Vertrag stehen?

Sonja Laaser: Ja, genau das hängt von dem Umfang der eingeräumten Nutzungsrechte ab.

Doris Hammerschmidt: Immer wieder ein Problem: Es arbeiten mehrere Leute an einem Podcast, moderieren vielleicht sogar zu zweit, zu dritt. Wer hat das Urheberrecht am Podcast?

Sonja Laaser: Das ist ein sehr wichtiger Aspekt. Die Podcaster sollten untereinander die Rechte klären. In den meisten Fällen handelt es sich um Miturheber, so dass bei der Verwertung die Zustimmung aller Beteiligten benötigt wird. Teilweise regeln die Beteiligten die Rechte schon vorab, damit bei der Verwertung keine Blockaden entstehen.

Doris Hammerschmidt: Wenn ich als Unternehmen, Organisation einen Corporate-Podcast bei einer Agentur in Auftrag gebe und mit ihr gemeinsam Titel, Cover, Inhalte etc. entwickele – welche Rechte habe ich? Kann ich den Podcast irgendwann auch vollständig übernehmen und im Unternehmen produzieren?

Sonja Laaser: Das hängt von der vertraglichen Gestaltung ab. Grundsätzlich hat die Person, die den Podcast aufnimmt, die Rechte an der Aufnahme (Tonträgerhersteller). Es stellt sich die Frage, ob diese Rechte den Produzenten (dem Unternehmen oder Ähnliches) beispielsweise nur zeitlich beschränkt oder für immer eingeräumt werden. Es ist jedenfalls sehr wichtig, dies vorab zu klären.

Doris Hammerschmidt: Wie steht es mit Werbung oder gesponsorten Posts in Podcasts, was darf ich, was darf ich nicht, wie muss ich das (akustisch) kennzeichnen?

Sonja Laaser: Werbung muss grundsätzlich als Werbung gekennzeichnet werden und sich von dem restlichen Inhalt abheben.

Doris Hammerschmidt: Liebe Frau Laaser, vielen Dank für dieses Gespräch!

DIE WICHTIGSTEN ERKENNTNISSE AUS KAPITEL 5

- Hosting-Anbieter: Praktische Sache und ohne detaillierte, technische Kenntnisse sowieso Pflicht!
- Podcast-Cover: Auffällig, übersichtlich – auch auf »Briefmarkengröße«
- Wichtige Podcast-Assets: Shownotes, Landingpage/Website, gute Texte, gutes SEO!
- Die wichtigen Plattformen: Spotify, Youtube, Apple, Google, Deezer, TuneIn
- Auch Podcasts sind kein rechtsfreier Raum – Augen auf!

6 Es ist ein Podcast! – Die Botschaft verbreiten

Das Kind ist da, die Eltern platzen vor Stolz und das soll die ganze Welt sehen. Dann müssen Sie die Welt auch einladen! An dieser Stelle folgen die möglicherweise wichtigsten Maßnahmen für einen erfolgreichen Podcast. Denn es nützt ja nichts, wenn das monatelang geplante und produzierte Kunstwerk für die Ohren keine Hörer bekommt. Also schmeißen Sie Ihre PR-, Werbe- und Kommunikationsmaschine an.

Erstellen Sie eine Übersicht mit allen möglichen Kommunikations- und/oder Marketingmaßnahmen, den jeweils zuständigen Personen plus Zeitplan: Wo und wie können Sie die Botschaft über den tollen neuen Podcast verbreiten? Diese Maßnahmen müssen von vornherein mit rein ins Budget. Podcast fertig produziert und kein Euro mehr für das Marketing? Schlecht.

Klar auch, dass Sie Ihr Marketingbudget nicht verschleudern sollen. Die wichtigen Fragen sind deswegen: Wo ist meine Zielgruppe unterwegs, welche Kanäle nutzt sie? Habe ich selbst schon einen Draht, einen Kanal zu meiner Zielgruppe? Ist die Zielgruppe eher in Fachmedien unterwegs, dann werden Sie die kennen und dort für den Podcast werben. Und je nachdem, wie viel Budget zur Verfügung steht, können Sie diese Aufgabe auch an Profis abgeben. Es gibt diverse Podcast-Netzwerke, die sich auf »PR für Podcasts« spezialisiert haben. Für Do-it-yourself-Macher hier eine kurze Übersicht über mögliche Kanäle bzw. Maßnahmen:

E-Mail-Marketing, Newsletter, Pressemeldung, Intranet, Online-/Facebook-/Google-Ads, Influencer, eigene/andere Social-Media-Kanäle, Werbung in Fachzeitschriften/Blogs, evtl. sogar Radio- oder Kinowerbung.

Der optimale Zeitpunkt für Ihre Marketingaktivitäten ist die Zeit kurz nach der Veröffentlichung. Tipp: Mit einer heißen Phase und kürzeren Abständen starten, die ersten drei Folgen zum Beispiel wöchentlich zu veröffentlichen – und diese heiße Phase mit orchestrierten PR- und Werbemaßnahmen flankieren. Auch in der Zeit danach sollten regelmäßige Aktionen den Podcast im Gespräch halten. Halten Sie nach Anlässen Ausschau, die zu Ihrem Podcast, zu Ihren Themen passen: Aktuelle Ereignisse, Jahrestage, Veranstaltungen, Kongresse, Wettbewerbe.

> **International Podcast Day** !
>
> Immer am 30. September ist International Podcast Day! Ideen für Marketingaktionen, Videos, Logos etc. gibt es hier: https://internationalpodcastday.com/

6.1   Social Media nutzen

Wo tummeln sich die Hörer meines Podcast: Auf Twitter oder eher auf TikTok? Auf Facebook oder LinkedIn? Entsprechend könnten Sie – so noch nicht vorhanden – einen eigenen Account/Kanal für den Podcast bzw. für sich/Ihr Unternehmen etc. eröffnen und bespielen. Dort bauen Sie die entsprechende Zielgruppe aus: Knüpfen Kontakte, laden Leute ein, posten und teilen Inhalte, die zum Inhalt Ihres Podcasts passen. Wenn es passt: Treten Sie in den Dialog mit anderen Podcastern zum jeweiligen Thema. Und Sie bewerben natürlich ihre neuen Podcast-Folgen.

Dabei gilt die Social-Media-Regel: Sich über lange Zeit vornehm zurückhalten und dann immer nur stumpf die nächste Episode bewerben kommt nicht gut an. Dialog und Austausch sind gefragt, damit sich eine Dynamik entwickelt. Nur so bauen Sie nach und nach eine Community rund um den Podcast auf und profitieren hinsichtlich Reichweite, aber auch, was nützliche Tipps und Kontakte für weitere Inhalte des Podcasts angeht.

Wichtig dabei: Eine konsistente Ansprache. So wie Sie die Zielgruppe im Podcast ansprechen, so sollte das auch in den Social-Media-Kanälen sein!

Welcher Kanal sich eignet? Einmal mehr: Das kommt auf Strategie und Zielgruppe an. Viele Solo-Podcaster zum Beispiel nutzen Instagram, um dort Promotion zu betreiben, den Kontakt zu den Podcast-Fans zu halten. »Behind the scenes«-Stories zeigen wie und wo die Episoden entstehen oder was die Podcast-Beteiligten erleben. Kurze Teaser-Videos kündigen neue Folgen an. Der eine Link, der auf Instagram möglich ist, sollte folgerichtig auf die Landingpage zum Podcast verweisen.

Auch Youtube als zusätzlicher Kanal eignet sich für diskussions- oder meinungsfreudige Formate, weil dort Interaktion und Diskurs in der Kommentarspalte möglich ist. Das wiederum muss ebenfalls intensiv überwacht und betreut werden.

Auch LinkedIn und Xing sind für Coaching-/Marketing- oder andere Experten-Podcasts gute Kanäle. Ein paar hilfreiche Tools seien hier noch erwähnt:

Mit **headliner.app** können Podcaster kleine Video-Appetithäppchen erstellen. Diese Audiogramme geben einen Vorgeschmack auf die neuen Podcast-Folgen und können praktisch in den Social-Media-Kanälen geteilt werden. Sie bestehen aus einem Audio-Ausschnitt inklusive Untertitel und einer Wellenform-Animation.

Wer virtuos auf vielen Social-Media-Kanälen spielt, wird eventuell Crossposting-Tools nutzen wollen. **Hootsuite, Sprout Social oder Buffer** sind bekanntere Tools. Hier gilt es immer zu entscheiden, ob und wie intensiv Postings synchronisiert werden sollen. Gießkanne oder individuelle Gestaltung?

Abb. 51: Podcast-Marketing auf Facebook und LinkedIn (Quelle: Günter Keil (Podcast »Long Story Short«), Marie Bockstaller (Podcast »Leading with«), DAK-Gesundheit (Podcast »Ganz schön krank, Leute«))

6.2   Preise, Wettbewerbe, Awards

Reichen Sie Ihren Podcast bei Wettbewerben ein. Inzwischen gibt es den Deutschen Podcast Preis, der von einem Zusammenschluss der wichtigsten Player auf dem Markt organisiert wird, von audible bis Spotify. Außerdem den Podcastpreis des Podcastvereins, der sich auf die Fahne schreibt, die Vielfalt der Podcast-Szene abzubilden. Prüfen Sie darüber hinaus, welche weiteren PR-, Kommunikations- und Marketing-Preise für Ihren Podcast in Frage kommen: Grimme-Preis, Deutscher Preis für Online-Kommunikation, Best of Content-Marketing … es gibt zahlreiche. Eine Übersicht über die Marketingpreise gibt es auf der Website der marketing-boerse.de.

Auch für viele Fach- oder Nischenthemen gibt es eigene Preise von Verbänden, Lobbyisten, Stiftungen. Eine Übersicht mit Suche nach Kategorien findet sich zum Beispiel unter journalistenpreise.de von A wie Allgemeines bis W wie Wissenschaft und Technik.

Was Preise und Wettbewerbe angeht, planen die großen US-amerikanischen Podcast-Produzenten das ganz dicke Ding: Mit »The Golden Microphone« soll eine Art Oscar der Podcast-Industrie verliehen werden.

6.3   Community-Aufbau

Einer der Aspekte, der Podcasts so spannend macht, greift hier ganz Besonders: Podcast-Hörer bauen zu »ihrem« Podcast, auch zu den Machern, eine enge Verbindung auf. Deswegen lässt sich – bei geeigneten Inhalten/Formaten – rund um einen Podcast eine dynamische Community aufbauen. Vorbildlich haben das die Jungs vom Spotify-Original »Gemischtes Hack« gemacht. Ihre Fans, die »Hackis«, haben – teilweise aus eigenem Antrieb – Gruppen in Social Media gegründet. Dort drehen sie die Themen aus den Folgen noch mal kommunikativ durch den Fleischwolf und bescheren dem Podcast eine beständig hohe Reichweite und Bekanntheit. Die Live-Podcasts vor Publikum sind als Verlängerung im »Real Life« die Klassentreffen der Hackis und ihrer Stars von »Gemischtes Hack«.

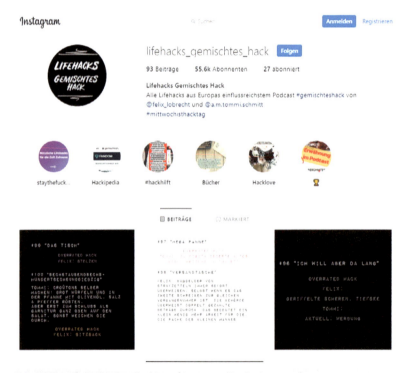

Abb. 52: Die »Life Hacks« der »Hackis« auf Instagram (Quelle: Instagram)

Eine weitere Variante sind Podcaster, die sich per Crowdfunding oder Sponsoring finanzieren und eine entsprechend gut geölte Kommunikation mit ihrer Community betreiben (mehr darüber in Kapitel 8.2).

Sie wollen es nicht ganz so hoch hängen? Dann beginnen Sie im ersten Schritt damit, sich Interviewpartner in den Podcast zu holen, die als gute Multiplikatoren für Ihren Podcast dienen: »Hey, ich war im xy-Podcast zu Gast! Hört mal rein.« hat schon unzähligen Podcastern eine treue Zielgruppe eröffnet.

Auch dieser Punkt wird gerne unterschätzt: Eine Community will gepflegt sein. Kommentare müssen beantwortet werden, das Aufrechterhalten des Dialogs innerhalb und außerhalb des Podcasts kostet Zeit und Mühe. Spätestens wenn im schlimmsten Fall ein Shitstorm aufzieht, ist professionelles Kommunikationsmanagement gefragt. Budget vorausgesetzt können auch hier Podcast-Netzwerke oder Kommunikationsprofis hilfreich tätig sein.

6.4   Experteninterview mit Tina Jürgens (Zebra Audio)

»What? You don't have a podcast?« Diese spöttisch-ironische Frage war spätestens 2019 ein Hinweis darauf, dass sich der Podcast-Boom in den USA auf dem absoluten Höhepunkt befand. Wie üblich zog Deutschland ein bisschen später nach, aber 2020 war auch hier die Frage angebracht sein: »Was denn, Du hast noch keinen Podcast?« Das Problem: Je mehr Podcasts, desto schwieriger ist es für den Einzelnen, aus der Masse herauszustechen, bekannt zu werden, Reichweite zu bekommen. Wie also bekommt mein Podcast die Reichweite, die ich mir wünsche? Dazu habe ich Tina Jürgens gefragt.

Tina Jürgens   !

Tina Jürgens ist Managing Director beim Podcast-Netzwerk zebra-audio.net, das Produzenten und Werbetreibende zusammenbringt. Zebra Audio kümmert sich dabei um Beratung, Konzeption Produktion und Distribution der Podcasts bis hin zur Promotion auf den Plattformen wie auch auf Basis eines Share-Modells um die Vermarktung/Monetarisierung. »Frau Genau« ist übrigens ihr Spitzname. Weil sie 100-mal am Tag »Genau!« sagt. Aber wohl auch, weil sie es mit vielen Dingen genauso genau nimmt.

Doris Hammerschmidt: Reichweite für meinen Podcast – das ist doch ganz einfach, ich veröffentliche den einfach »überall da, wo es Podcasts gibt« – und dann läuft das von selbst, oder?

Tina Jürgens: Die Antwort auf diese Frage fällt sehr klar und kurz aus: Nein.

Aber um das etwas mehr auszuführen und deutlicher zu machen: In den letzten drei Jahren erleben wir einen unfassbaren Boom und auch in Deutschland ist mittlerweile eine riesige Anzahl neuer Podcast-Shows herausgekommen, so dass das einfache Veröffentlichen eines RSS-Feeds nicht ausreichend ist. Allein bei Apple sind mittlerweile mehr als 1 Million unterschiedliche Podcast-Shows verfügbar. Gefühlt wirkt das am Anfang fast wie ein Überangebot an Inhalten. Man muss sich also durch Thema, Qualität, Tonalität und einer guten Promotion-Strategie unterscheid- und sichtbar machen.

Doris Hammerschmidt: Na gut, dann muss ich als Podcast-Anbieter/Produzent wohl doch aktiv was tun. Was sind Ihre wichtigsten Tipps, um mehr Reichweite für den Podcast zu bekommen?

Tina Jürgens: Genau! Zunächst einmal brauche ich guten und relevanten Content, also: Ich sollte tatsächlich was Spannendes zu erzählen haben. Mittlerweile spielt dabei die Audioqualität und die Erzähltechniken (Dramaturgie, Sound-Effekte etc.) durchaus ebenso eine Rolle. Auch die besten Inhalte benötigen Leute, die sich dafür interessieren. Als Produzent sollte ich daher eine gute Vorstellung von »meiner« Zielgruppe haben: Was interessiert sie, auf welche Themen und Tonalität spricht sie an, wo hören die Nutzer ihren Audio-Content und über welche Kanäle tauschen sie sich aus. Danach richte ich meine Distributions- und Kommunikationsstrategie aus. Sprich: Ich sollte auf den relevanten Audio- und Streamingplattformen vertreten sein und über die entsprechenden Social-Media-Kanäle kommunizieren. Auch regelmäßige »Auftritte«, also Interviews in anderen Podcasts helfen, die eigene Bekanntheit auszubauen. Einer der wesentlichen Reichweiten- und Aufmerksamkeitstreiber ist allerdings zusätzlich die Sichtbarkeit auf Plattformen wie Apple, Spotify und Deezer. Um Aufnahme in deren redaktionelle Empfehlungen zu erhalten, lohnt sich die Zusammenarbeit mit professionellen Podcast-Netzwerken.

Doris Hammerschmidt: Ist das Thema SEO auch für Podcasts wichtig? Was sind da die allerwichtigsten Tipps, damit mein Podcast, mein Thema gefunden wird?

Tina Jürgens: Das ist natürlich ein wichtiger Faktor. Das fängt schon bei einem »knackigen« Titel an und geht bis zur einzelnen Episoden-Beschreibung. Die wichtigsten Informationen des Formates als auch jeder Folge sollten in den ersten 120 Zeichen des Beschreibungstextes vorkommen – allein schon, weil die unterschiedlichen Player mal mehr oder weniger davon anzeigen. Beides – also Titel und die Beschreibungstexte – sind SEO-relevant. Überhaupt spielen Texte eine zunehmend wichtige Rolle. Man kann also auch die Podcast-Folgen (automatisch) transkribieren lassen und nach einer Nachbearbeitung im eigenen Web-Blog veröffentlichen.

Doris Hammerschmidt: Setzen wir mal voraus, dass ein Podcaster seine Zielgruppe gut kennt und einigermaßen weiß, wo sie sich tummelt. Aber haben Sie auch da spezielle Tipps, wie ich meine Zielgruppe auf den Podcast aufmerksam mache?

Tina Jürgens: Aus meiner Sicht sind neben den schon genannten Gastauftritten in anderen Podcasts alle Social-Media-Aktivitäten entscheidend. Je nach Zielgruppe stehen da unterschiedliche Kanäle »im Lead«. Facebook, Instagram und Twitter sind ein absolutes Muss. Das »Bespielen« von Plattformen wie TikTok und Snapchat wird zunehmend bei jüngeren Hörern wichtig. Für jeden Kanal sollte man sich eine Content-Strategie überlegen. Wo machen Zitate Sinn, arbeite ich lieber mit Audiograms oder über die Storyfunktion etc. Verstärkend sollte die »Community« eingebunden werden: mithilfe von Fragen oder Challenges. Der daraus entstandene »User-Content« lässt sich wiederum in Folgen einbauen und erweitert die Interaktionsraten. Und in dieser besonderen Beziehung zwischen Podcaster und den Hörern liegt ja ein Teil der Podcast-Magie.

Doris Hammerschmidt: Inwiefern lohnt es sich, eigene Kanäle aufzubauen, also einen eigenen Facebook-/Instagram-/Twitter-Account etc. »nur« für mein Podcast-Projekt? Dazu gehört die immer wieder gern aufgeworfene Frage: Soll ich meinen Podcast auch bei Youtube veröffentlichen?

Tina Jürgens: Zu einer YouTube-Veröffentlichung würde ich immer raten, da YouTube zum einen letztlich als eine weitere Suchmaschine fungiert. Wenn man bereits über Social-Media-Reichweiten verfügt, macht eine Veröffentlichung zum anderen umso mehr Sinn, da man darüber bestimmt einige Follower in die Reichweite konvertiert. Das Gleiche gilt für den Einsatz von Webplayern auf Websites, die bereits organischen Traffic besitzen. Der Aufbau eines eigenen Kanals – unabhängig davon, um welchen es sich handelt – erfordert in jedem Falle eine kontinuierliche, auf den Channel angepasste Content-Produktion. Da muss sich jeder Produzent fragen, über wie viel Ressourcen und Budget verfügt werden kann. So etwas zahlt sich in der Regel aus – meistens aber erst nach einer gewissen Zeit.

Doris Hammerschmidt: Vor allem im Corporate-Podcast-Bereich: Bringt es was, Budget für Online-Werbung oder Facebook-Ads freizuschaufeln?

Tina Jürgens: Social Media- und Influencer-Marketing lohnt sich nicht nur im Fall von Corporate-Podcasts, ist dort aber aus meiner Sicht mittlerweile ein Muss, da die Plattformen solche Formate eher selten promoten. Um also ein Mindestmaß an Sichtbarkeit zu erlangen, sollte von Vorneherein ein Marketingbudget mit eingeplant werden. Zumal man auf diesem Weg auch relevante Nutzer-Daten für das Retargeting erhält. Wir arbeiten im Ad-Bereich mit Mindestbudgets von 3.000 Euro und Mindest-Kampagnenzeiträumen von vier Wochen. Kampagnen, die darunter liegen, machen nur wenig Sinn.

Doris Hammerschmidt: Und jetzt die große Gretchenfrage: Was ist eigentlich eine gute Reichweite für einen (Corporate) Podcast?

Tina Jürgens: Da gibt es keine festgelegte Zahl, denn es hängt ja davon ab, welche Zielgruppe man erreichen möchte. Generell gibt es aber drei wesentliche Reichweitengruppen: Podcasts mit einer Reichweite bis zu 10.000 Downloads/Streams pro Episode zählen zu sogenannten »Nischen-Podcasts«. Formate, die bis 75.000 pro Episode vorweisen, gelten als Podcast-Erfolge. Alles ab 100.000 Downloads/Streams pro Folge sind veritable Podcast-Hits. Entscheidend dabei ist, dass man mit einem Hosting-System arbeitet, das mindestens den internationalen IAB-Standard zur Datenfilterung und Reichweiten-Messung verwendet. Alles andere halte ich für nicht seriös genug und lässt keine zuverlässigen Aussagen über die Reichweite zu.

DIE WICHTIGSTEN ERKENNTNISSE AUS KAPITEL 6

- Kardinalfehler vermeiden: Podcast fertig aber keine Zeit/Budget für PR-Maßnahmen? Schlecht.
- Social Media: Nur da, wo die Zielgruppe ist – aber dann fleißig und nachhaltig bespielen!
- Tue Gutes und rede darüber: Podcast bei Wettbewerben, Preisen, Awards einreichen!
- Fans und Freunde: Das Vertrauensmedium Podcast eignet sich perfekt zum Community-Aufbau!

7 Erfolgskontrolle – Wer hört mich und wenn ja, wie viele?

Die vielen Plattformen, Hoster, Apps, Streamingdienste mit jeweils unterschiedlicher Technik machten es lange Zeit schwer, eine einheitliche Messgröße für Podcasts zu finden. Downloads, Hörer, Streams, Plays – jeder zählte eben das, was ihm logischer vorkam. Der eine sprach von »wöchentlich 400.000 Downloads«, der andere von »eine Million Plays im Jahr«. Aber hat derjenige, der den Podcast heruntergeladen hat, ihn auch wirklich gehört? Und werden die Plays doppelt und dreifach gezählt, obwohl es derselbe Nutzer ist? Verbindliche Regelungen, auf die sich alle einigen konnten, gab es nicht. Dazu war die Entwicklung noch zu jung.

2019 führte das IAB, das Interactive Advertising Bureau, die »Podcast Measurement Guidelines 2.0« ein. Das war der Versuch, einen Standard einzurichten, eine Podcast-Währung mit klaren Regelungen. Für die Branche war das dringend nötig, um aus der Anarcho-Ecke zu kommen mit ihren beliebigen Erfolgszahlen, die sich jeder hinbiegen konnte, wie er wollte.

Leider bieten die unterschiedlichen Hoster oder Plattformen immer noch unterschiedliche Auswertungen an. Die grundlegende Empfehlung kann deswegen nur sein: Je mehr Wert Sie auf saubere statistische Auswertungen legen, desto eher müssen Sie Ihren Podcast dort hosten, wo möglichst viele Daten zusammenlaufen. Und das sind im Moment die großen Hosting-Anbieter.

Podigee, Podcaster.de, Libsyn, Soundcloud – die großen Hosting-Anbieter (siehe Kapitel 7.1) arbeiten weitgehend kompatibel zu den IAB 2.0 Guidelines. Ihre Statistiken sind dennoch unterschiedlich. Hier muss sich letztendlich der Podcaster die Pakete der Hoster genau anschauen und prüfen, wie viel Statistik er für sein Geld bekommt. Meist lautet die Devise: Je höher die Abo-Gebühr, desto ausgefeilter der Service und die Statistiken. Deswegen folgt jetzt eine Übersicht über die wichtigsten Anbieter und ihre Statistik-Grundlagen.

7.1 Welcher Anbieter bietet welche Zahlen?

Podigee
Als Währung oder Messgröße hat sich der deutsche Hoster Podigee die »Hörintention« ausgesucht. Er definiert damit den »auch unvollständigen Download einer Episode, wenn mindestens der ID3-Header und die erste Minute Audio der Datei geladen wurden.« Als Währung gelten also die Downloads der Episoden, doppelte Downloads und Bots werden herausgerechnet. Podigee orientiert sich weitestgehend an den IAB 2.0

Guidelines und integriert auch grundlegende Statistiken von Spotify (siehe weiter unten).

podcaster.de

Der Pionier der deutschen Podcast-Szene arbeitet in erster Linie mit »Zugriffen« als Währung. Was ein Zugriff ist, wird mit dieser Formel berechnet: Gesamtzahl der übertragenen Dateien geteilt durch die Dateigröße = 1 Zugriff. Auch hier werden Doppelungen und Bots herausgerechnet. Die Spotify-Statistiken sind nicht integriert. Zum einen, weil der Streamingdienst anders zählt, und zum anderen, weil er nur einen Teil der Daten zur Verfügung stellt. Diese Daten müssen sich Kunden direkt bei Spotify ansehen (siehe unten).

Libsyn

Ähnlich wie Podigee zählt Libsyn als Download, wenn der ID3-Tag plus eine Minute Inhalt abgerufen wurde. Parallel zu dieser an den IAB-Guidelines orientierten Statistik kann sich der Nutzer die Libsyn-eigenen »Uniques« anzeigen lassen, die einmaligen Abfragen einer Datei. Ebenfalls: Doppelungen und Bots werden herausgerechnet. Grundlegende Spotify-Statistiken sind enthalten. Libsyn ist nur in Englisch verfügbar.

Soundcloud

Auch bei Soundcloud gibt es im kostenlosen Account nur grundlegende Statistiken. Hier wird die »Wiedergabe« der einzelnen Dateien gezählt und den Episoden zugeordnet. Im Pro-Abo kommen erweiterte Statistiken nach Städten, Apps, Drittanbietern hinzu.

Spotify und Apple

Die beiden Streamingdienste haben jeweils eigene Statistiken, die ebenfalls interessant in der Auswertung sind. Spotify bietet unter **podcasters.spotify.com** recht ausführliche Statistiken an. Apple Podcasts weist unter **podcastsconnect.apple.com** zum Beispiel die Gesamtabspielzeit der Episoden auf oder zeigt, auf wie vielen Geräten eine Episode abgespielt wurde, was man vielleicht mit den »Downloads« vergleichen könnte.

Google

Das große G mischt spätestens seit Frühjahr 2020 im Podcast-Geschäft mit: Wer seinen Podcast beim Google Podcast Manager anmeldet, bekommt nicht nur Basics wie die Anzahl der Wiedergaben pro Sendung und Folge. Interessant sind zum Beispiel die Ein- und Ausstiegspunkte, die sichtbar machen, wann die Hörer abspringen oder bis zu welcher Stelle sie vorspringen.

Wordpress oder eigener Server

Wer nicht bei einem Hosting-Anbieter, sondern selbst, zum Beispiel auf der eigenen Wordpress-Seite, hostet, muss sich die Statistiken selbst organisieren. Dafür gibt es Plug-ins wie den Podlove Publisher, PowerPressPodcasting, Serious Simple Podcasting oder Drittanbieter wie Podtrack.

Tipp   !

Wer auf Charts und Rankings steht, kann bei Anbietern wie **chartable.com** (durchsucht Spotify und Apple Podcasts) oder **podwatch.io** (nur Apple Podcasts) prüfen, wo der eigene Podcast steht bzw. wie er sich im Ranking entwickelt.

Podwatch bietet außerdem als Messgröße den »Podscore«, der sinngemäß die Konstanz im Ranking des eigenen Podcasts misst. Nach dem Motto: Wenn der Podcast dauernd in den Charts rauf- und runterspringt, stimmt irgendwas nicht. Und: Wer seinen Podcast in zwei Kategorien angemeldet hat, sieht, in welcher er konstanter ist.

Ganz nebenbei sind beide Websites eine gute Anlaufstelle, um erfolgreiche Podcasts aus der ganzen Welt in unzähligen Kategorien zu finden und anzuhören.

Abb. 53: Podcast-Rankings auf Chartable.com (oben, Kategorie Marketing) und ein Beispiel für einen Ranking-Verlauf in zwei Kategorien auf Podwatch.io (unten)

7.2 Experteninterview mit Mateusz Sójka (Podigee)

! **Mateusz »Mati« Sójka**

Der meist genutzte Hosting-Anbieter in Deutschland ist Podigee. Mitgründer und Geschäfts-führer des deutschen Unternehmens ist Mateusz »Mati« Sójka. Er hat Software-Entwicklung in Barcelona studiert. Wenn er nicht gerade in Podcast-Statistiken blickt, eignet er sich neue Sprachen an. Fünf spricht er schon fließend, zwei weitere sollen's werden.
Die – vor allem technische – Entwicklung rund um Podcasts verfolgt er seit 2013. Sein Ziel: Den Podcast-Kunden möglichst detaillierte und einheitliche statistische Auswertungen anzubieten.

Doris Hammerschmidt: Was nicht einfach ist, oder?

Mateusz Sójka: Wenn es einfach wäre, würde es ja jeder machen; die Podcast-Welt sieht Anfang 2020 aber eher so aus: Viele Podcast-Anbieter kochen ihr eigenes Sta-tistiksüppchen. Die einen machen es besser, die anderen schlechter – am Ende sind aber immer die Produzierenden die Dummen, weil sie ihre Zahlen nicht nachvollzie-hen und erst recht nicht über die Grenzen ihres Anbieters hinaus vergleichen können. Wir arbeiten schon seit geraumer Zeit hart daran, hier mehr Transparenz zu schaffen!

Doris Hammerschmidt: Können Sie für Laien verständlich erklären, warum es so schwierig ist, bei Podcasts an klare, einheitliche Statistiken zu kommen?

Mateusz Sójka: Anders als zum Beispiel mit Youtube für Videos gibt es bei Podcasts keine zentrale Plattform. Als Produzentin oder Produzent bis du nicht an einen Hoster gebunden und erst recht an kein Verzeichnis – und auf der anderen Seite hat dein Pub-likum die freie Wahl, mit welchem Podcatcher es deine Inhalte konsumieren will. Das Medium ist sozusagen dezentral *by design*. Das ist aus vielen Gründen ganz großartig, stellt uns bei der Reichweitenmessung aber vor Herausforderungen: Wir als Anbieter können auf unseren Servern nur sehen, wenn eine Datei angefragt und heruntergela-den wird (und selbst das ist gar nicht mal so trivial). Was danach passiert, können wir hingegen nicht so ohne Weiteres erkennen. Wird die Audiodatei am Ende auch ange-hört? Falls ja, wie oft – und von wie vielen Menschen? Wird Werbung wahrgenommen oder übersprungen? Zu all diesen Fragen versuchen Anbieter auf unterschiedliche Art und Weise Annahmen zu treffen. Einheitlichkeit? Fehlanzeige.

Doris Hammerschmidt: Es wird mit Downloads, Plays, Hörern, Streams hantiert – was ist denn Ihrer Ansicht nach *die* aussagekräftigste Währung bei Podcasts, an der sich alle orientieren könnten?

Mateusz Sójka: Wir haben versucht, bei unseren Unified Podcast Analytics, mit soge-nannten *Hörintentionen* zu arbeiten – sprich: Wir verlassen uns nicht auf nackte Downloads, sondern versuchen, diese logisch sinnvoll zu interpretieren und daraus auf tatsächliches Abspielen rückzuschließen. Wir nehmen also die Downloads her und ziehen das technische Rauschen durch Bots, Verbindungsabbrüche und dergleichen ab. Übrig bleibt dann die meiner Meinung nach aussagekräftigste Zahl der Hörintentionen, die der Einfachheit halber oft einfach als »bereinigte« Downloads (und Streams) oder einfach nur als Downloads bezeichnet werden.

Doris Hammerschmidt: Mit den IAB-Richtlinien wurde versucht, eine möglichst einheitliche Podcast-Währung zu etablieren. Inwiefern hat das geklappt?

Mateusz Sójka: Standards stehen und fallen nicht unbedingt mit ihrer Qualität, sondern mit ihrer Verbreitung. Und da hat das IAB schon einiges an Pionierarbeit geleistet: Viele Anbieter auf der ganzen Welt orientieren sich an den Richtlinien des IAB, ebenso wie wir es auch tun. Tatsächlich sind die Vorgaben von IAB aber nur ein Vorschlag, naja, eine Richtlinie eben. Diese bleibt an vielen Stellen noch recht unverbindlich (auch etwas, was wir mit den Unified Podcast Analytics verbessern möchten). Sagen wir mal so: Das IAB hat einen wichtigen Etappensieg errungen, das Rennen ist aber noch lange nicht vorbei.

Doris Hammerschmidt: Als Podcast-Produzent möchte ich eventuell viel mehr Infos haben: Wie lange werden meine Episoden gehört, wann springen die Leute ab? Wer bietet sowas an?

Mateusz Sójka: Das können zuverlässig nur diejenigen anbieten, die – entgegen dem Grundgedanken des dezentralen Mediums Podcast – eine Plattform betreiben und neben den Downloads auch die Abspielvorgänge kontrollieren. Wie zum Beispiel Spotify. Die Schweden wissen exakt, wer, wann, wo innerhalb einer Podcast-Episode pausiert oder abbricht. Mit Apple Podcasts verhält es sich ähnlich, auch dort bekommen die Produzierenden auf Wunsch detaillierte Abspielstatistiken. Nur leider reichen diese Plattformen bestimmte Daten nicht an uns weiter, was den Podcast-Produzenten das Leben schwer macht, weil man nicht alles an einer zentralen Stelle sehen kann. Außerdem ist kaum ein Podcast exklusiv auf nur einer dieser Plattformen, von daher sind die Zahlen dort immer nur ein sehr kleiner Ausschnitt der Realität.

Doris Hammerschmidt: Es gibt im Netz Maschinen, Bots, die automatisch auf RSS-Feeds zugreifen. Werden die aus den Statistiken herausgerechnet oder gibt es ganz Clevere, die sich damit ihre Statistiken schönrechnen?

Mateusz Sójka: Bei seriösen Anbietern, die sich (mit oder ohne entsprechende IAB-Zertifizierung) an den Vorschlägen des IAB und uns orientieren: auf jeden Fall. Wie immer gibt es aber auch schwarze Schafe, die technisch weniger versierten Werbepartnern lieber die schöner aussehenden Zahlen vorlegen. Damit schaden sie langfristig aber nicht nur ihren Partnern, sondern dem gesamten Medium. Wir haben uns deshalb im letzten Jahr entschieden, nirgends mehr uninterpretierte Zahlen anzuzeigen und nur noch mit bereinigten Werten zu arbeiten.

Doris Hammerschmidt: Welche Möglichkeiten hat jemand, der seinen Podcast selbst auf der eigenen Website hosten möchte, an statistische Auswertungen zu kommen?

Mateusz Sójka: Eigene statistische Auswertungen werden in der Regel nicht ernst genommen. Wenn ich als Publisher über Ad-Vermarktung Geld verdiene und gleichzeitig meine Zahlen selbst auswerte, liegt es auf der Hand, dass Vermarkter und Werbetreibende skeptisch sein könnten und deswegen würden wir es nicht empfehlen. Wenn man seine eigene Webseite betreibt und einen Podcast startet, bieten wir die Möglichkeit, den Podcast bei Podigee zu hosten und über einen sogenannten Embedded Webplayer auf der eigenen Webseite zu platzieren. Für Wordpress gibt es ein dediziertes Plug-in, das den gesamten Prozess automatisiert. Damit sind die statistischen Auswertungen auch gewährleistet.

Doris Hammerschmidt: Herzlichen Dank, Mateusz Sójka.

7.3   Was ist ein erfolgreicher Podcast?

Sie selbst als Podcast-Macher sollten *vor* der Produktion entscheiden, was Ihr Kommunikationsziel ist. Was ist ihr spezifischer KPI, Ihr Key Performance Indicator? Woran machen Sie den Erfolg fest? Wenn Sie keine klar definierte Zielgruppe haben, mag das eine möglichst hohe Reichweite sein, also möglichst viele Downloads. Wenn Sie eine klar definierte Zielgruppe haben, deren Größe Sie auch kennen – vielleicht ist dann Ihr KPI, mindestens 30 % der Menschen in dieser Zielgruppe zu erreichen. Ihr KPI kann aber auch inhaltlicher Natur sein: Ich möchte viele Menschen erreichen, die über mein Produkt, meine Botschaft etc. auf meinem Blog reden.

Auch sehr spezifische KPIs mit wenigen Hörern sind denkbar, wenn Sie zum Beispiel Menschen erreichen wollen, die in ihrer Branche Einfluss haben, Meinungsmacher sind. Dann könnten 300 Podcast-Hörer ein riesiger Erfolg sein – wenn es exakt die Richtigen sind! (Mehr über Kommunikationsziele und KPIs finden Sie in Kapitel 3.2.)

Aus den oben genannten technischen Gründen gibt es keine einheitliche Währung, die den Erfolg eines Podcasts einheitlich messbar macht. Über den wohl erfolgreichsten deutschen Podcast »Gemischtes Hack« heißt es immer mal wieder, er erreiche eine Million Hörer wöchentlich (Stand Mai 2020). Gabor Steingarts »Morning Briefing« hat laut Eigenangabe »400.000 Downloads pro Woche«. Von solchen Zahlen sollten Anbieter aus dem Unternehmensbereich, also auch die meisten Strategie-Podcaster, nicht mal träumen! Dazu braucht es einen langen Atem und intensive Marketingunterstützung, die viel Geld kostet. Über die Reichweiten von Corporate-Podcasts/Strategie-Podcasts gibt es wenig Zahlen – aber aufgrund eigener Erfahrungen und Nachfragen bei anderen Anbietern kann ich sagen:

Eine mittlere vierstellige Zahl von Downloads pro Episode ist ein gutes Ergebnis! Auch dazu ein paar Beispiele: Der Nischen-Podcast für Volleyballer »Ohne Netz und sandigen Boden« verzeichnet nach eigenen Angaben 6.000 regelmäßige Zuhörer, der Podcast der Deutschen Bahn nach eigenen Angaben rund 10.000 Hörer. Der Resonator Podcast der Helmholtz-Gemeinschaft Deutscher Forschungszentren kommt auf rund 28.000 Downloads pro Folge (Stand jeweils: Frühjahr 2020).

7.4   Welche Anpassungen soll ich vornehmen?

Gehen wir zunächst davon aus, dass alle grundsätzlichen Dinge stimmen: Strategie, Inhalt, Zielgruppe. An welchen Schrauben drehe ich, wenn mein Podcast trotzdem nicht aus dem Knick kommt? Zunächst: Sorgen Sie für Feedbackmöglichkeiten per Kommentarfunktion, E-Mail, Social-Media, damit sie konkrete Hinweise auf das Verhalten der Hörer haben. Rufen Sie im Podcast zu Rückmeldungen auf. Kombinieren Sie das Feedback mit den Statistiken und Daten, die Sie zur Verfügung haben.

Folgende typische Problemstellungen könnten sich ergeben:

Problem: Die Episoden werden nicht vollständig oder nur zu einem geringen Prozentsatz durchgehört.

Die Episoden sind zu lang oder zu langweilig. Der Inhalt wird nicht unterhaltsam genug präsentiert. Der Spannungsbogen ist nicht vorhanden oder zu lahm.

Tipps und Maßnahmen: Aufbau der Episoden und Produktion professionalisieren, Inhalte analysieren, kompakter präsentieren, Verständlichkeit der Texte prüfen. Im Team offen diskutieren: Adressieren wir die Zielgruppe richtig? Ausgewählte Mitglieder der Zielgruppe zum Testhören und Feedback geben einladen.

Problem: Die Hörer springen nach kurzer Zeit wieder ab.

Tipps und Maßnahmen: Vielleicht erfüllt der Podcast nicht die Erwartungen, die er hinsichtlich Titel, Cover oder Beschreibung verspricht. Entweder zieht die Aufmachung die falsche Zielgruppe an. Dann: Titel, Cover oder Beschreibung in Richtung Zielgruppe optimieren. Oder die Vermarktung in der Zielgruppe muss intensiviert werden, um weniger Streuverluste zu haben.

Problem: Auffällig viele Hörer springen an bestimmten Stellen ab.

Tipps und Maßnahmen: Sind diese Stellen durch irgendetwas zu definieren, zu identifizieren? Ändert sich an diesen Stellen etwas am Inhalt oder am Klang? Absprunggründe könnten sein:

- Der Inhalt geht in eine andere Richtung, die Hörer sind nicht mehr interessiert.
- Die Tonqualität verschlechtert sich oder etwas Unangenehmes irritiert die Hörer.

Problem: Ich investiere in Marketing/PR, aber die Hörerzahlen steigen kaum.

Tipps und Maßnahmen: Sind die Maßnahmen die richtigen, treffen sie die Zielgruppe? Eventuell gibt es ein Online-Forum, eine Facebook-Gruppe oder eine ähnliche Plattform, auf der Sie den Podcast zur Diskussion stellen können, Feedback bekommen. Oder Sie stellen eine Testhörergruppe zusammen, die den Podcast noch nicht kennt, und sammeln so Feedback. Auch die eigenen Mitarbeiter oder Freunde können hilfreiche Hinweise geben.

> DIE WICHTIGSTEN ERKENNTNISSE AUS KAPITEL 7
>
> - Podcast-Plattformen und Hoster haben keine einheitlichen Messgrößen oder statistische Auswertungen! Größter gemeinsamer Nenner sind die IAB 2.0 Guidelines.
> - Ein erfolgreicher Podcast ist der, der das gesteckte Kommunikationsziel erreicht!
> - Erfolgreiche Podcasts können 300 Hörer haben – wenn es die richtigen sind.
> - Anhand von statistischen Auswertungen lässt sich der Podcast nach und nach anpassen und verbessern!

8 Refinanzierung – Damit verdient Ihr Geld, ja?

Damit wir uns nicht falsch verstehen: Mit Podcasts kann man durchaus reich werden. »Reich« im Sinne von: Ich habe mir mit der Produktion und/oder Vermarktung von Podcasts ein berufliches Standbein erarbeitet und kann gut davon leben. Wobei gleich eine klare Trennung nötig ist:

Das gilt für Solo-Podcaster, Expertinnen und Experten, Coaches, Privat-Podcaster, Agenturen – *nicht* aber für Corporate- bzw. Unternehmens-Podcasts. Die sind ja schon werblich, dienen einer kommunikativen Strategie. Wer außer der Marke, dem Unternehmen, dem Anbieter selbst sollte Geld dafür bezahlen wollen, in einem Unternehmens-Podcast Werbung zu schalten? Außerdem möchte man als Corporate-Podcaster die Gunst der Aufmerksamkeit nicht auch noch teilen, oder?

Gut, ein paar Kombinationen sind vielleicht denkbar: Ein Verlag, der einen Podcast mit einem Promi-Koch anbietet, könnte noch einen Besteckhersteller als Sponsoren gewinnen; eine Fitnessstudio-Kette einen Hersteller von Proteinshakes. Aber um es klar zu sagen: Wenn Sie einen Corporate-Podcast anbieten *sind* Sie das Marketing und werden Ihren Podcast schon selbst finanzieren müssen.

Grundsätzlich wird nur derjenige Podcaster Geld verdienen, der mit hochwertigen Inhalten genug Abonnenten/Downloads erreicht, damit eines der in den folgenden Kapiteln erläuterten Modelle funktioniert.

8.1 Werbepartner oder Sponsoren finden

In deutschsprachigen Podcasts haben sich zwei klassische Werbemodelle durchgesetzt: Sponsoring und/oder Native Ads. Für beides bezahlt der entsprechende Partner je nach Reichweite des Podcasts. Sponsoring bezeichnet das Erwähnen eines Podcast-Partners zu Beginn und am Ende der Episoden (»Unser Podcast wird präsentiert von …« oder »Wir danken unserem Partner Sprudelquelle. Klares Wasser, spritziger Kern …«). Sponsor und Podcast-Inhalt passen optimalerweise so gut zusammen, dass der Sponsor durch den Imagetransfer profitiert, den ihm der Podcast bietet. Insofern ist die Partnerschaft Sponsor-Podcast nachhaltig angelegt.

Wie kommen Sponsor und Podcast-Produzent zusammen? Das geht zum einen über professionelle Vermarkter (siehe Auflistung am Ende des Kapitels). Dann sollte der Podcast aber entweder schon veröffentlicht und eine gute Reichweite haben (ab 10.000 Downloads pro Episode etwa wird es interessant) oder ein so klar auf eine

Zielgruppe zugeschnittenes Konzept, dass sich die Vorteile für einen Sponsor sofort erschließen. Selbstverständlich kann jeder Podcaster auch selbstständig und gezielt auf mögliche Sponsoren zugehen und nach Unterstützung/Sponsoring fragen. Halten Sie dafür möglichst aussagekräftige Statistiken bereit (siehe Kapitel 7.1) und machen Sie dem möglichen Partner klar, dass sich Podcasts nicht als Abverkaufs-Marketing eignen, sondern der Imagebildung dienen. Einen Return-on-Invest können Sie als Podcaster eher nicht bieten bzw. ausweisen.

Die Native Ad unterscheidet sich vom Sponsoring noch dadurch, dass der Werbepartner eine aktuelle Botschaft vermitteln will, eine Sonderaktion, ein bestimmtes Produkt, eine Website oder Ähnliches. Und dass die Werbepartner durch die Episoden wechseln können. Auch hier hat sich als Modell der Umsetzung im deutschsprachigen Podcast-Universum durchgesetzt, dass der oder die Podcast-Moderatoren diese Werbebotschaften selbst sprechen. Klar abgegrenzt vom Rest des Podcasts, aber selbst moderiert. Stichwort: Authentizität, Glaubwürdigkeit! Oft werden diese »Presenter-Reads« auch mit persönlichen Anekdoten garniert. (»Hab' ich letztens ausprobiert … also Mensch, klappt doch!«)

Diese (meist nur eine) und nicht allzu lange Werbebotschaft am Anfang der Episode wird von den Podcast-Hörern weitgehend akzeptiert nach dem Motto: »Na, die müssen ja auch irgendwie Geld verdienen!« Das Podcast-Netzwerk Podstars hat herausgefunden, dass 80 % der Hörer gegen diese Art der Werbung nichts haben.[23] Laut AS&S, dem Vermarkter der öffentlich-rechtlichen Radiosender, sind es sogar 87 %.[24] Ganz nach dem Vorbild USA werden inzwischen auch schon Mid-Rolls eingesetzt, also Werbebotschaften in der Mitte der Episode. Deutsche Vermarkter entwickeln gerade erst passende Modelle verbunden mit einem Fingerspitzengefühl dafür, wann der zarte Podcast-Hörer genervt ist von Werbebotschaften in »seinem« Podcast. Was bis jetzt jedenfalls nicht genutzt wird, sind produzierte Werbespots oder gar Werbeblöcke, wie man sie aus dem Radio kennt. Soweit sind wir – noch – nicht.

Eine weitere Möglichkeit für Podcaster, an Einnahmen zu kommen, sind Affiliate-Programme mit Online-Shops. Der Podcaster nennt zum Beispiel seinen Affiliate-Partner bzw. dessen Produkte in den Episoden. Wenn Hörer über den Button oder Link auf der Podcast-Landingpage bzw. in den Shownotes ein Produkt erwirbt, geht ein kleiner Anteil der Einnahmen an den Podcaster. Auch das kann sich lohnen, wenn Podcast-Zielgruppe und Affiliate-Partner zusammenpassen: Hunde-Podcast und Tierfutter-Hersteller. Orchideenzüchter und Gartencenter.

---

23   Quelle: https://podstars.de/podcaststudie2018/
24   Quelle: https://www.ard-werbung.de/spotonpodcast/

8.2   Spenden, Abo-Modelle und Crowdfunding

Das Wort »Spenden« ist erst mal nicht wörtlich zu nehmen, ein Podcaster ist ja keine karitative Einrichtung und wird auch keine Spendenquittung ausgeben. Es sind »freiwillige Zahlungen«, die der Podcaster übrigens auch versteuern muss. Für solche Unterstützungen durch die eigenen Podcast-Fans gibt es folgende Modelle:

Flattr ist ein Social-Payment-Anbieter aus Schweden, der die monatlichen Beträge, »Spenden« der Nutzer unter den angemeldeten Produzenten, Inhalte-Anbietern verteilt. Für Podcaster sind hier keine hohen Einnahmen zu erwarten, aber ein dreistelliger Betrag ist drin – so berichtet der ein oder andere Podcaster.

Auch über PayPal können »Spenden« eingeworben werden.

Bei den Crowdfunding-Plattformen Patreon (USA) oder Steady (D) bieten Podcaster für ihre Unterstützer Abo-Modelle an. Die Mischkalkulation geht so: Kostenlos gibt es nur wenige Podcast-Episoden im Monat, aber über diese freien Episoden werden die Fans angelockt und die Zielgruppe aufgebaut. Zusätzlich gibt es dann für einen festen Monatsbeitrag von einem bis etwa sechs Euro zusätzliche Episoden, Features, Bonus-Material. Einige Podcaster, vor allem aus dem Gaming-Bereich, erzielen mit diesen Abo-Modellen fünfstellige Euro-Beträge im Monat. Einer der erfolgreichsten Podcasts über Computer- und Videospiele, »The Pod«, generiert Einnahmen von bis zu 18.000 Euro im Monat.[25] Die Truppe des US-Podcasts Alternative Chapo Trap House kommt über Patreon auf gigantische zwei Millionen Dollar im Jahr.[26]

---

25   Quelle: Website The Pod: https://steadyhq.com/de/aufeinbier
26   Quelle: Bloomberg.com https://www.bloomberg.com/news/articles/2020-05-26/chapo-trap-house-and-
     leftist-podcasts-seek-future-without-sanders

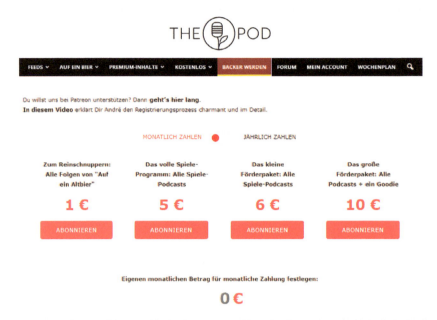

Abb. 54: Screenshot von der Website des über Crowdfunding finanzierten Games-Podcast »The Pod«

8.3   Original- und Exclusive-Podcasts

Einige Portale wie audible bieten »nur« exklusive Audio-Inhalte an, andere bieten beide Varianten: frei verfügbare, kostenlose Podcasts und exklusive Podcasts, die es nur für zahlende Abonnenten gibt. Podimo und FYEO gehen letzteren Weg.

Für Podcast-Produzenten heißt das: Ich muss mit meinem Podcast hinter diese Bezahlschranke kommen, um von den Portalen für meinen Podcast bezahlt zu werden. Wenn Abonnenten aber für diesen Service Geld ausgeben, ist klar: Das müssen wirklich gute, exklusive, professionell produzierte Inhalte sein. Vorab hilft es, sich die Exclusive-Podcasts anzuhören, meistens gibt es mindestens einen längeren Teaser, bei FYEO eine ganze »Schnupperfolge« zu hören. Es kann sich auch lohnen, bei den Portalen anzufragen, ob noch Konzepte, Inhalte gebraucht werden.

Die zweite Möglichkeit besteht darin, ein Original- oder Exclusive-Podcast für Portale wie Spotify, Deezer, Audio Now oder Ähnliches zu produzieren bzw. eines zu werden. Entweder der Podcast existiert bereits und wird so erfolgreich, dass die Portale Interesse bekommen, ihn exklusiv zu veröffentlichen. Oder auch hier: Fragen ob Konzepte, Inhalte gebraucht werden, ein gutes Konzept schreiben und hinschicken.

Abb. 55: Beispiele für Exclusive-Podcasts bzw. Originals auf FYEO, audible, Podimo

8.4 Selbst Werbung in Podcasts schalten

Jetzt wechseln wir mal die Richtung. Sie sind ein Unternehmen, eine Organisation und finden diese ganze Podcast-Sache extrem spannend. Sie wollen aber um Himmelswillen keinen eigenen Podcast produzieren; aber irgendwie teilhaben an dieser coolen, neuen Kommunikationswelt. Dann werden Sie doch Sponsor oder Werbepartner eines Podcasts, der zu Ihnen passt!

Vielleicht gibt es Podcasts, die Ihnen für vergleichsweise kleines Geld die volle Ladung Zielgruppe bringen! Nicht vergessen: Podcast-Hörer haben sich aktiv entschieden, genau diesen Podcast zu hören, sie haben eine treue Bindung und großes Vertrauen.

Ein Problem entsteht – einmal mehr – durch das dezentrale und uneinheitliche Podcast-Universum. Wer zum Beispiel Angelbedarf herstellt und in allen Angler-Podcasts werben will, muss sich einzeln mit jedem Angler-Podcaster in Verbindung setzen oder einen Vermarkter bitten, das zu tun. Dann produziert der Podcaster seine Botschaft an den Anfang einer Episode – und die ist dann auch überall zu hören, wo die Podcast-Episode erscheint.

Erwarten Sie (Stand Frühjahr 2020) keine Auswertungen wie bei anderen Werbeformen – einen Return on Invest (ROI) wird Ihnen keiner so beziffern, wie Sie das vielleicht von der Radio-Vermarktung gewohnt sind. Echte TKPs oder Click-Through-Rates gibt es auch nicht. Wenn Sie auf solche Zahlen wertlegen, gehen Sie bitte weiter, dann gibt es im Podcast-Universum nicht viel für Sie zu sehen. Hier gilt es, ein Näschen zu haben, gesunden Marketingverstand zu beweisen. Sie brauchen Reichweite, Gießkanne, Masse? Finger weg von Werbung in Podcasts. Sie haben ein Nischenprodukt und es gibt Podcasts genau für diese Nische? Was könnte besser sein?!

Auch hier: Professionelle Vermarkter (siehe Liste unten) bringen Podcaster und Partner zusammen. Sie sorgen auch für die entsprechenden Auswertungen, validen Zahlen und Reportings – soweit möglich.

Einen professionellen, dem Radio ähnlichen Ansatz, bietet Spotify mit seinen »Podcast Ads«: Da der Streaminganbieter Podcasts nicht via RSS-Feed ausspielt, sondern eben streamt, kann er programmatische Werbung in Podcasts einbauen. Heißt: Zielgruppen-Targeting kombiniert mit zentral eingespielten Werbebotschaften. Diese Strategie nennt sich »Streaming Ad Insertion« und kam in der Beta-Phase zunächst nur bei den eigenen Spotify Originals/Exclusives zum Einsatz. Eine interessante Zahl gab Spotify Deutschland Chef Sven Bieber im Interview mit Meedia (Print, April 2020) bekannt: Demnach »stand jeder zehnte in Deutschland eingenommene Euro bei Spotify im Zusammenhang mit Podcasts«.

Auch der Vermarkter der Privatradios, RMS, hat eine Lösung für Podcast-Werbung entwickelt. Auf Podcasts spezialisierte Vermarkter sind unter anderem: podstars.de, zebra-audio.net, Julep, podvertise24.de, Audiomy.com/de, disome.de

8.5   Experteninterview mit Vincent Kittmann (OMR-Podstars)

»Hotel Matze«, »Mit den Waffeln einer Frau« (mit Barbara Schöneberger) oder »Fiete Gastro« (mit Tim Mälzer) – die OMR-Podstars aus Hamburg produzieren oder vermarkten einige der bekanntesten Podcasts in Deutschland. Die Formate gehen vom klassischen Laber- oder Interview-Podcast bis zum aufwändig und hochprofessionell produzierten Storytelling-Podcast. Welches Format ist für wen geeignet? Das unter anderem habe ich Vincent Kittmann gefragt, Geschäftsführer von OMR-Podstars. Der gebürtige Hamburger hat 2018 seine Profi-Basketball-Karriere an den Nagel gehängt und die Podstars mitgegründet.

Doris Hammerschmidt: Gibt es Podcast-Formate, von denen Sie inzwischen die Ohren voll haben?

Vincent Kittmann: Nein, bisher glücklicherweise noch nicht! Ganz im Gegenteil, durch die zunehmende Professionalisierung der Podcast-Szene kommen immer mehr tolle und aufwändig produzierte Formate hinzu. Contentseitig ist die Entwicklung in den letzten Jahren sehr positiv. In der Konzeption muss man sich deshalb mehr Mühe geben, um auch herauszustechen und dem Hörer etwas Besonderes oder Neues zu liefern.

Doris Hammerschmidt: Podstars produziert auch Branded Podcasts bzw. Unternehmens-Podcasts für Vodafone oder Gelo Revoice. Wie geht Ihr bei der Konzeption vor, gibt es erst einmal einen zweitägigen Workshop mit dem Kunden?

Vincent Kittmann: Ja, zum Teil. Die erste Idee und Konzeption zu Beginn ist sehr wichtig. Meistens bereiten wir schon einige Ideen vor, welche wir dann den Kunden in einem Workshop vorschlagen. Wir investieren anfangs auch viel Zeit, um zu verstehen, welche Zielgruppe die Unternehmen haben, wie wir sie am besten erreichen können und wie wir den größtmöglichen Mehrwert generieren können.

Die Sammlung der ersten Ideen ist ein sehr kreativer Prozess, in dem zum Teil das ganze Team mithilft. Im Prinzip sammeln wir das ganze Jahr über Konzepte und Ideen. Dadurch haben wir ein gewisses Portfolio, auf das wir dann zurückgreifen können. Jedes Konzept muss dann aber noch individuell für den Kunden angepasst werden.

Doris Hammerschmidt: Wie schätzt Ihr das Know-how rund um Podcasts in den Unternehmen, Organisationen ein – sind das inzwischen Gespräche auf Augenhöhe oder müsst Ihr noch bei A wie Audioschnitt anfangen?

Vincent Kittmann: Ganz unterschiedlich. Manchmal sind wir überrascht wie viel Know-how vorhanden ist und manchmal überrascht, dass niemand im Unternehmen bisher Berührungspunkte mit Podcasts hatte. Das lässt sich auch nicht immer vorhersehen.

In den letzten Jahren haben wir aber viele Erfahrungen gesammelt, um das Wissen in den ersten Gesprächen und Workshops direkt aufzubauen. Deswegen sind wir in solchen Fällen nicht unvorbereitet und aus beiden Ausgangssituation lassen sich tolle Formate erstellen.

Doris Hammerschmidt: Was ist der »größte Zahn«, den Ihr bei Branded Podcasts in der Beratung ziehen müsst – dass eine Podcast-Episode doch mehr als 150 Euro kostet?

Vincent Kittmann: Aus unserer Erfahrung ist die Umsetzung eines Branded Podcasts generell kein kleines Projekt und häufig ist es der erste Branded Podcast für den Kunden. Die größere Hürde ist es, bestimmte Wege das erste Mal zu gehen.

Generell ist das Feedback bezüglich Preis, Aufwand und Projektmanagement aber sehr positiv. Es lässt sich ja durchaus mit anderen Content-Projekten vergleichen.

Doris Hammerschmidt: Was dürfen Branded Podcasts nach Eurer Erfahrung an Reichweite erwarten? Sind ein paar tausend Downloads pro Folge schon ordentlich?

Vincent Kittmann: Das kommt sehr auf das Konzept an und auf welche Zielgruppe es ausgerichtet ist. Ich erwarte auf jeden Fall auch Branded Podcasts mit mittlerer fünfstelliger Reichweite. Bei anderen Formaten können aber auch schon ein paar hundert für den Kunden sehr erfolgreich sein, sofern die richtigen Hörer erreicht wurden. Neben der Hörerzahl gibt es noch andere KPIs, mit denen der Kunde seinen Erfolg individuell messen kann.

Doris Hammerschmidt: Nischen-Podcasts für Imker, Diabetiker, Fetischfans – blöde Idee oder der heiße Scheiß der Zukunft?

Vincent Kittmann: Podcasts sind in der Nische groß geworden und auch immer noch nicht komplett raus. Ich bin mir ziemlich sicher, dass es bereits Podcasts für Imker gibt. Und wieso auch nicht? Über Podcasts kann man andere Interessierte hervorragend zum Thema informieren, sich eine Community aufbauen oder als Experte positionieren. Wenn man Lust darauf hat und eine gute Idee, spricht nichts dagegen, sondern sehr viel dafür.

Doris Hammerschmidt: Die Podstars sind auch ein Podcast-Vermarkter, das heißt, Ihr bringt Werbetreibende und Podcast-Produzenten zusammen. Habt Ihr einen »Best Case«, wo das vorzüglich klappt, der Werbekunde völlig begeistert ist?

Vincent Kittmann: Wir machen die Podcast-Vermarktung nun schon seit fast vier Jahren. Ohne zufriedene Kunden würde das natürlich gar nicht funktionieren. Zu Beginn hatte der Matratzenhersteller Casper über 30 Podcasts in Deutschland belegt, aktuell sind zum Beispiel Streamingdienste sehr aktiv. Manche Advertiser bleiben ihrem Format jahrelang als fester Podcast-Partner treu. Für uns ist auch die Entwicklung interessant, dass die Kampagnen in Anzahl und Volumen stetig steigen.

Doris Hammerschmidt: Vielen Dank, Vincent Kittmann.

DIE WICHTIGSTEN ERKENNTNISSE AUS KAPITEL 8

- Corporate-Podcasts *sind* selbst Marketing und müssen sich selbst finanzieren!
- Journalistische, erzählerische Podcast-Formate können durch Werbung/Sponsoring gute Einnahmen erzielen.
- Weitere Monetarisierungs-Möglichkeiten: Social Payment/Crowdfunding/Affiliate Marketing
- Gutes Konzept, gute Geschichte, gute Produktion? – Bewerben als »Original« bei Spotify, Audible, Deezer, FYEO
- Umgekehrt gedacht: Könnte ein Podcast eine perfekte Werbefläche für mich, mein Produkt, meine Dienstleistung sein?

9 Unerhörtes Potenzial – Podcasts in der internen Kommunikation

Mein Mitarbeiter, das unbekannte Wesen. Reicht doch, wenn er weiß, was er zu tun hat! So geht es in den Unternehmen schon lange nicht mehr zu. Aber der Wert der internen Kommunikation ist andererseits noch nicht lange fest verankert in den Kommunikationsabteilungen. 2016 schrieben Ulrike Führmann und Klaus Schmidbauer in »Wie kommt System in die interne Kommunikation« (Talpa-Verlag):[27]

»Immer mehr Führungsetagen erkennen, dass ihr Unternehmen nicht frei im Raum operiert, sondern Teil eines sozialen gesellschaftlichen Beziehungsgeflechts ist. [...] Ein Unternehmen darf nicht nur an Gewinn und Umsatz orientiert sein. Es steht in der Verantwortung. Ein wichtiger Aspekt dieser Verantwortung bezieht sich auf die Mitarbeiter. Sie haben das unveräußerliche Recht, sozial und fair behandelt und bezahlt zu werden. Information und Dialog sind in diesem Kontext kein Entgegenkommen des Unternehmens an seine Mitarbeiter, sondern eine feste Verpflichtung.«

Dass Mitarbeiterinnen und Mitarbeiter einen Anspruch haben, umfassend und angemessen informiert und geschult zu werden, ist der eine wichtige Aspekt. Er allein könnte die ein oder andere Führungskraft aber dazu verleiten, interne Kommunikation als reines »Zuckerl« zu sehen. Kann man, muss man aber nicht. In einem modernen Unternehmen ist das der falsche Ansatz. Es wird zunehmend klarer, dass die interne Kommunikation den Gesamterfolg des Unternehmens beeinflusst, weil informierte und fest in die Unternehmenskommunikation eingebundene Mitarbeiter motivierter und damit kreativer und produktiver sind. Stichwort: Employee Experience. Machen Sie's wie Sportvereine oder Netflix-Serien: Machen Sie Ihre Mitarbeiter zu Fans!

Weil das hier ein Podcast-Buch ist, möchte ich nicht weiter auf klassische Mittel der internen Kommunikation eingehen, von Intranet bis Newsletter. Aber warum und in welcher Form Podcasts (oder Audio allgemein) ein effektiver Kommunikationskanal sind, das soll in diesem Kapitel ausführlich erklärt werden. Denn meine Überzeugung ist: »Draußen« streiten sich schon jetzt riesige Podcaster-Herden um die Weidegründe. »Drinnen« dagegen ist die Möglichkeit einer zielgerichteten, unaufgeregten »Fütterung« mit Inhalten und Geschichten viel größer!

---

27 Quelle: Wie kommt System in die interne Kommunikation?, Talpa, 2016.

Warum also Podcast/Audio in der internen Kommunikation? Zunächst aus absolut denselben Gründen, warum Podcasts »draußen« so gut funktionieren (siehe Kapitel 2.1): Weil sie ihre Botschaften tief übers Ohr im Kopf verankern, weil sie starke Bindungen aufbauen, Vertrauen schaffen, eine Beziehung etablieren, die regelmäßig gepflegt werden kann. Durch die persönliche und emotionale Ansprache unterscheidet sich das grundlegend von Newslettern, Infobriefen oder der Mitarbeiterzeitung.

Nächster Aspekt: Ihre Mitarbeiterinnen und Mitarbeiter verteilen sich auf der ganzen Welt und arbeiten zu unterschiedlichen Zeiten? Auch dann ist ein Podcast geeignet. Die Mitarbeiter können ihn hören, wann und wo sie wollen. Das funktioniert am besten über eine Mitarbeiter-App, aber auch über das Intranet, einen E-Mail-Verteiler oder Ähnliches.

All diese Aspekte zusammengefasst wage ich die Prognose: Podcasts in der internen Kommunikation sind das neue heiße Ding!

9.1   Strategie und Zielgruppe

Wie schon bei der Planung und Strategie für »Draußen«-Podcasts lauten die ersten Fragen auch bei internen Podcasts: Welche Zielgruppe? Welches Kommunikationsziel? Sie können das Gießkannenprinzip wählen und in einer Art vertonten Newsletter all Ihren Mitarbeitern alles erzählen, was aus Ihrer Sicht gerade wichtig ist. Sie können aber auch sehr detailliert rangehen und mithilfe der folgenden Fragen eine passgenaue Strategie und Zielgruppe entwickeln:

- Gibt es Mitarbeiter, die ich mit den existierenden Kommunikationsformen nicht erreiche?
- Gibt es Kommunikationslücken im Unternehmen, Widerstände, kommunikative *pain points*?
- Gibt es in den Richtungen der internen Kommunikation Lücken oder Optimierungsbedarf?
- Top-down: Klappt die Kommunikation zwischen Führungskräften und Mitarbeitern?
- Bottom-up: Bekommen die Führungskräfte ausreichend Feedback?
- Equal-to-Equal: Tauschen sich die Mitarbeiter untereinander ausreichend aus?
- Gibt es in der Kommunikation zwischen bestimmten Abteilungen (Human Relations und Mitarbeiter, Vertrieb und Entwicklung, Interne und Freiberufler/Subunternehmer oder Ähnliches) Lücken oder Hindernisse?
- Gibt es Entwicklungen, Strategie-Änderungen, Krisen im Unternehmen, die eine Intensivierung der Kommunikation nötig machen?
- Klappt der Generationenaustausch, erfahren die Jüngeren genug von den Älteren – und umgekehrt?

Ganz detailliert könnte auch die Entwicklung von typischen Mitarbeiter-Personas mit ihren jeweiligen Bedürfnissen sein, denen Sie dann ein (oder sogar mehrere) Audio-Konzept(e) auf den Leib schneidern.

9.1.1   Corporate Influencer – Mitarbeiterinnen und Mitarbeiter als Botschafter

Unsere Mitarbeiter sind die besten Influencer, die wir haben! Diese Erkenntnis des Social-Media-Zeitalters ist in den Führungsetagen auch schon langsam angekommen. Denn: Privates und Berufliches werden nicht mehr so scharf getrennt. Was nicht immer hilfreich ist. Fakt ist: Menschen kommunizieren im direkten Gespräch und zunehmend auch in ihren privaten sozialen Netzwerken über ihre Arbeit, ihren Arbeitgeber. Insofern: Die eigenen Mitarbeiter als Botschafter, als Multiplikatoren im Unternehmenssinn zu betrachten, ist in vielerlei Hinsicht wichtig:

- nach innen, um den Zusammenhalt, Motivation untereinander zu stärken
- nach außen, um für das Unternehmen als Arbeitgeber zu werben
- nach außen, um Image und Marke des Unternehmens zu verankern

Was hat das nun wieder mit Podcasts zu tun? Audio/Podcasts sind in dieser Kommunikationskette der erste Schritt: Sie informieren und binden genau die Mitarbeiter, die Sie als Botschafter brauchen: Jüngere, Aufgeschlossene, emotional Offene und digital Vernetzte. Sie stellen die früheren hierarchischen Unternehmensstrukturen in Frage und setzen auf Kollaboration, Flexibilität und Miteinander. Diese Zielgruppe kennt und nutzt Podcasts schon im privaten Bereich. Sie schätzt die persönliche und emotionale Ansprache und lässt sich damit perfekt adressieren. Das Ziel: Diese Multiplikatoren zu motivieren, ihnen ein positives Bild der Entscheidungen im Unternehmen, der Strategie etc. zu vermitteln. Denn das beeinflusst und stärkt letztendlich das Bild des Unternehmens nach außen.

9.1.2   Zentrales Tool – Die Mitarbeiter-App

Das Smartphone als ständiger Begleiter spielt auch in der internen Kommunikation seine ganze Stärke aus: Die oben skizzierten jüngeren Podcast-Fans im Unternehmen werden Sie mit einem Newsletter eher schlecht erreichen. Vor allem die Jüngeren, Millenials und die Generation Z verlangen von ihren Arbeitgebern die digital-mobile Umgebung, die sie auch privat nutzen: Smartphone und Apps, Apps, Apps.

Seit einigen Jahren nimmt deswegen die Zahl der Mitarbeiter-Apps stetig zu. Laut »Trendmonitor 2019« von staffbase haben 21,8 % der befragten Unternehmen eine mobile App im Einsatz, rund 36 % planen eine oder setzen sie gerade um.[28] Denn der Vorteil liegt auf der Hand: Erreichbarkeit egal wann, egal wo – und eine zentrale Einstiegsplattform, auf der alle für die Mitarbeiter wichtigen Kommunikationsformen angeboten werden können. Dazu kommen Möglichkeiten des individuellen Targetings, um spezifische Inhalte nur an die Mitarbeitergruppen auszuspielen, für die sie gedacht sind.

Für die Distribution von Audio/Podcasts ist die Mitarbeiter-App ebenfalls der Goldstandard. Die meisten Smartphone-Nutzer haben Kopfhörer und sind an das Streamen, Herunterladen und Anhören von Audio, Musik, Podcasts gewöhnt. Bleibt nur die Frage, wie und wo die Audiodateien gespeichert sind und in die App kommen. Da Audio aber nicht das Dateivolumen etwa von Video hat und die Zahl der internen Downloads bzw. Streams überschaubar sein sollte, dürfte eine interne Lösung technisch möglich sein.

Ein Beispiel aus der Praxis: Die BayWa, Dienstleister für Landwirtschaft und Bauunternehmen, hat 2019 die App »My BayWa« eingeführt. Sie hat inzwischen rund 10.000 registrierte Mitarbeiterinnen und Mitarbeiter und wird überaus gut angenommen: 93 % der Mitarbeiter fühlen sich durch die App gut bis sehr gut informiert. Vor Einführung der App waren es nur 73 %. Teil dieser App ist auch ein Podcast für die BayWa-Mitarbeiter.

Welche Inhalte und Strategie dabei zur Anwendung kamen, das habe ich Sandra Bauernfeind aus der Digitalen internen Kommunikation der BayWa AG gefragt. Das Bestnote-Interview hören Sie im Podcast zum Buch, den Sie hier direkt über die App SmARt Haufe aufrufen können:

---

28   Quelle: https://staffbase.com/blog-de/herausforderungen-fuer-die-interne-kommunikation/

Abb. 56: Interview mit Sandra Bauernfeind (BayWa AG)

9.1.3   Verbreitung ohne App – Intranet, Password oder doch extern?

Ohne App einen Mitarbeiter-Podcast launchen? Geht auch, aber halt nicht ganz so smooth, so einfach. Er kann auf dem Intranet-Stream gepostet oder per Newsletter und/oder E-Mail verteilt werden. Gleichwohl gilt hier: Zur Distribution der Podcast-Episoden sollten so oder so alle vorhandenen Kanäle genutzt werden.

Möglich ist auch der Weg über einen passwordgeschützten, privaten RSS-Feed. Die meisten Hosting-Dienstleister bieten so etwas an. Der Mitarbeiter-Podcast kann dann über diesen Feed mit Podcatchern/Apps abonniert werden. Das funktioniert über die Eingabe eines Passwords oder es gibt einen Link mit einem Token, der direkten Zugang zur Episode eröffnet.

Was mich zu einer cleveren Kombination bringt – dem extern-internen Unternehmens-Podcast. Nach dem Motto: Das eine tun und das andere nicht lassen. Es gibt einige Beispiele von Podcasts, bei denen die eigentliche Zielgruppe die Mitarbeiterinnen und Mitarbeiter sind. Gleichzeitig sind die Inhalte aber so gestaltet, dass sie unverfänglich auch nach außen kommuniziert werden können. Nicht nur das: Sie ermöglichen einen Blick hinter die Kulissen, geben Einblicke, wie das Unternehmen »tickt«. So informiert oder motiviert der Podcast nicht nur intern, sondern ist ein spannendes Audio-Schaufenster auch nach außen. Beispiele? Audi zum Beispiel spricht im Mitarbeiter-Podcast über den Wandel im Unternehmen, über Gesundheit und New Work oder interviewt Kollegen in China. Auch das Chemieunternehmen Merck veröffentlicht Podcasts, die sich an Mitarbeiter richten, aber durchaus interessanten Mehrwert für Externe bieten. Das könnte also auch ein Ansatz sein …

Die Mischform aus internem *und* externem Podcast lässt sich sehr gut beim AUDI-Mitarbeiter-Podcast beobachten. Welche Strategie dahinter steckt, habe ich Stephan Ippers, Kommunikation Mitarbeiter bei AUDI und Axel-Robert Müller (Marktführer Kommunikation) für den Bestnote-Podcast gefragt. Das ausführliche Interview hören Sie, wenn Sie über die App SmARt Haufe das folgende Bild scannen:

Abb. 57: Interview mit Stephan Ippers und Axel-Robert Müller (Audi)

9.1.4   Rückkanal – Wie Mitarbeiterinnen und Mitarbeiter zu Wort kommen

Kollaboration, Agilität, Teamspirit – die Buzzwords der neuen Arbeitswelt sollten sich, wenn möglich, auch in der Produktionsweise eines Mitarbeiter-Podcasts wiederfinden. Heißt: Wie komme ich an Feedback, Rückmeldungen der Mitarbeiter, wie ermögliche ich ihnen Teilhabe, Mitsprache?

Dazu können Sie zum Beispiel eine eigene Mobilfunknummer einrichten, mit der – per WhatsApp oder auf eine Art Anrufbeantworter – Sprachnachrichten geschickt oder gesprochen werden können. Das geht aber auch per E-Mail. Sprachnachricht mit dem Smartphone aufnehmen und verschicken. Klar, Sie sollten im Podcast dazu aufrufen: »Schickt uns Eure Antworten bitte an …«

Es bietet sich an, möglichst konkrete Antworten zu konkreten Fragen oder Themen einzufordern. Die Erfahrung aus Radio und Podcast zeigt: »Von sich aus« beteiligen sich nur wenige Hörer aktiv an Diskussionen oder Dialogen, da braucht es schon einen Stups. Fragen Sie zum Beispiel nach konkreten Erlebnissen, Feedback zu neuen Tools, neuer Software. Wie kommen die Mitarbeiterinnen und Mitarbeiter damit klar? Welche konkreten Verbesserungsvorschläge haben die Mitarbeiter zu Prozessen, Abläufen im Unternehmen? Und wie finden sie das Essen in der Kantine?

Wer den Podcast etwas aufwändiger produziert, kann auch mal mit dem Aufnahme-gerät durch die Büros ziehen und zu bestimmten Themen Mitarbeiter-Stimmen auf-nehmen und zum Beispiel eine Umfrage-Collage produzieren. Weitere gute Aufnah-memöglichkeiten sind Incentives, Messen, Kick-off-Meetings etc.

9.2   Mögliche Formate, Inhalte und Rubriken

Hinsichtlich der Wahl des Formats unterscheiden sich interne und externe Podcasts/ Audio nicht großartig. Sie haben nur von vornherein eine viel klarer definierte Ziel-gruppe: die Mitarbeiterinnen und Mitarbeiter. Oder einen bestimmten Teil Ihrer Mit-arbeiter. Ansonsten gilt: Zielgruppe plus Kommunikationsziel bestimmt das Format: Ist Wissensvermittlung gefragt? Dann eher ein Interview-Podcast. Soll Erfahrungsaus-tausch praktiziert werden? Dann vielleicht ein Laber-Podcast »Alt trifft Jung«. Lesen Sie sich einfach durch das folgende Kapitel und gleichen Sie die skizzierten Inhalte und Formate mit Ihren Kommunikationsbedürfnissen ab. Da wird sich doch was fin-den lassen.

Eine interessante technische Umsetzungsmöglichkeit hat sich übrigens in der Corona-Krise gezeigt: Conferencing-Software wie Zoom, Skype, GoToMeeting, Teams und Co. eignet sich auch zur Aufnahme von Audio. Ein Meeting, eine Diskussionsrunde könnte also ganz oder in Ausschnitten in den Podcast einfließen – oder der Podcast sein! Warum nicht eine regelmäßige, über Online-Meetings durchgeführte Gesprächsrunde zum internen Laber-Podcast-Format machen?!

9.2.1   Change – Veränderungen begleiten und moderieren

Hilfe! Veränderung! Der Mensch ist ein Gewohnheitstier und hat es nicht so gerne, wenn sich die Dinge grundlegend ändern. Und je deutlicher diese Veränderung einsei-tig »von oben« verordnet wird, desto hartnäckiger kann auch der Widerstand sein. Wer Change-Management betreibt, kennt das zur Genüge.

Audioformate können hier ein außerordentlich effizientes Kommunikationsmittel sein, um Widerstände zu glätten durch Erklären, Begründen, Informieren. Wenn sich der Chef persönlich an die Mitarbeiterinnen und Mitarbeiter wendet. Wenn er sich hörbar bemüht, zu erläutern, warum diese und jene Veränderung oder neue Strategie wichtig ist. Dann werden es ihm die Mitarbeiter höchstwahrscheinlich danken. Sie können die schönsten und verschwurbeltsten Texte zu den erforderlichen Change-Prozessen schreiben – Sie werden damit nicht in die Herzen Ihrer Mitarbeiter kommen. Mit einer persönlichen Ansprache, inhaltlich wie technisch gut aufbereitet, könnte das funktionieren. Damit nehmen Sie den Bedenkenträgern Wind aus den Segeln und schaffen sich gleichzeitig Unterstützer in der Belegschaft. Wenn Kollege Maier meckert: »Was die da oben sich wieder ausgedacht haben, so ein Blödsinn!«, dann antwortet Kollegin Müller vielleicht: »Find ich nicht, im Mitarbeiter-Podcast ist das super gut erklärt, musst' mal rein hören.«

Achtung, jetzt kommt ein Punkt, der manche von Ihnen vor den Kopf stoßen könnte – und der nicht nur für »Change-Podcasts« gilt: Fragen Sie sich (und andere): Bin ich ein talentierter Redner? Kann ich frei und unterhaltsam sprechen, ohne nervös zu werden oder zu klingen? Sie können das tollste Kommunikationskonzept haben. Wenn Sie beim Sprechen leiern, gelangweilt oder arrogant klingen oder einen wirklich unangenehmen Akzent oder Sprachfehler haben, dann geht das komplett nach hinten los! Aus dem Nähkästchen geplaudert: Ich habe schon unzählige Male mit der Faust in der Tasche an Tönen von Abteilungsleitern oder Teamleiterinnen herumgeschnippelt und mich erfolglos daran abgearbeitet. Hier geht klar Talent vor Hierarchie! Podcasts – auch interne – sollen unterhalten. Dazu gehört ein talentierter Host, Moderator, Redner.

! **Tipp**

Kennen Sie das »Firmen-Faktotum«? Damit meine ich die meist älteren, erfahrenen Mitarbeiterinnen und Mitarbeiter, die die Aufgeregtheit des »Ich will was werden!« längst überwunden haben. Die dafür aber amüsant und spannend über ihre Arbeit reden können. Die Stars der Weihnachtsfeier, die Kantinen-Kommunikatoren. Überlegen Sie, ob Sie nicht solche Charaktertypen in der Belegschaft haben und für einen Podcast einspannen können; mindestens für eine Rubrik wie zum Beispiel »Lernen von den Älteren« oder Ähnliches.

9.2.2   Motivation und Zusammenhalt stärken

Ich will es mal so sagen: Ein Jahr lang jede Woche einen internen Podcast produzieren (zu lassen) kostet Sie vermutlich nicht mehr als ein schickes Incentive-Event im Wellness-Hotel für Ihre Mitarbeiterinnen und Mitarbeiter. Und möglicherweise ist der Effekt des Podcasts nachhaltiger, weil er sich regelmäßig in die Ohren gräbt.

Eine wöchentliche »Radioshow« für die Mitarbeiter kann auf unterhaltsame Weise den Zusammenhalt, das Gemeinschaftsgefühl stärken. In diesem »unseren« Mitarbeiterradio können Sie schon allein durch individuellen Sound, durch die eigene akustische Markenführung ein hörbares Lagerfeuer entzünden, an dem sich die Mitarbeiter versammeln. Egal, wo sie arbeiten oder ob sie sich persönlich begegnen, das Podcast-Hören eint sie. Und wenn sie sich begegnen, reden sie optimalerweise darüber: »Hast Du das Interview mit Abteilungsleiterin Schulze im Podcast gehört? Interessant …« So geben Sie den Mitarbeitern das Gefühl, immer dabei, immer auf »Ohrenhöhe« zu sein.

9.2.3   Wissenstransfer – Von erfahrenen Kolleginnen und Kollegen lernen

Wie oder von wem lernen Ihre Mitarbeiter am besten? Von ihren Kollegen! Der Wissensaustausch ist deswegen eines der Kernelemente der internen Kommunikation: Hoheitswissen abbauen, horizontalen Wissenstransfer aufbauen. Das funktioniert – auch – im internen Podcast. Weil sich gesprochenes Wort aber nicht zur Vermittlung detaillierter Zahlen, Daten und Fakten eignet, gibt es Einschränkungen: Audio als Bindungsmedium funktioniert immer besser auf einer Art Meta-Ebene: Erzählen Sie nicht exakt, *wie* etwas gemacht werden soll, sondern eher *warum*. Hintergründe, Strategien, persönliche Erfahrungen, all diese Wissensschätze Ihrer Mitarbeiter können Sie wunderbar in einem Podcast an die Kollegen verteilen. Generationslücken schließen ist ein weiterer Ansatz: Ältere könnten ihre besten Tipps zur Fehlervermeidung weitergeben, Jüngere dafür Hilfestellung in New-Work-Themen geben. Mitarbeiter, die ausscheiden, könnten im Podcast »ein letztes Mal« ihre Erlebnisse und Erfahrungen teilen.

9.2.4   Fortbildung – Best Cases in Vertrieb und Verkauf

»How did they do it?«-Podcasts sind in den USA ein beliebtes Format. Grundprinzip sind Erfolgsgeschichten, Best Practices von Personen, Start-ups, Unternehmern oder Soloselbstständigen. Dieses »Wie haben sie's gemacht?«-Prinzip lässt sich perfekt als Podcast zum Beispiel für den Vertrieb/Verkauf umsetzen: Warum und wie ist Kollege X bei Firma Y zum Abschluss gekommen? Was sind Erfolgsmodelle für Verkaufsgespräche? In Interviews mit den Beteiligten oder als eine Art Reportage mit Tönen, Statements werden diese »Lessons Learned« hörbar, erlebbar für alle Kollegen. Solche internen Vertriebs-Podcasts gibt und gab es auch im deutschsprachigen Raum schon einige, bei IT-Dienstleistern, Banken oder Versicherungen zum Beispiel.

9.2.5   Zweitverwertung – Speaker Series, Konferenzen, Meetings

Das gesprochene Wort hat einen riesigen Nachteil: Es ist flüchtig, es zieht vorbei. Es sei denn, es wird aufgenommen und so für alle gesichert. Oft ist es jammerschade, dass interessante Vorträge, Events, Podiumsdiskussionen etc. nicht mindestens über die Audio-Spur für die Nachwelt gespeichert werden. Das muss dann nicht zwingend in eine Podcast-Serie gegossen werden – nur wenn es Sinn macht, wenn zum Beispiel eine Speaker Series ein regelmäßiges, serielles Format ermöglicht. Die Inhalte aus Vorträgen oder Meetings könnten auch »nur« in Ausschnitten in ein bestehendes Podcast-Format integriert werden.

Vielleicht kreieren Sie aber auch eine neue Vortragsreihe oder ein Meetingformat und lassen alle Mitarbeiter über den Podcast daran teilhaben, die nicht dabei sein können.

9.2.6   Fortbildung im IT-Bereich – Wissen rund um IT-Sicherheit, Software

Viren, Trojaner, Botnets, Spionagesoftware – beim Thema IT-Sicherheit sind viele Unternehmen und vor allem ihre Mitarbeiter verunsichert. Auch die, die es wissen müssten, wünschen sich mehr Informationen: Der IT-Security-Anbieter Trend Micro hat 2019 rund 1.000 IT- und Sicherheitsentscheider weltweit befragt, ob sie sich ausreichend unterstützt fühlen.[29] Fast zwei Drittel der Befragten in Deutschland nannten die interne Kommunikation über IT-Sicherheit und mögliche Bedrohungen als größte Herausforderung.

Und weil in Sachen Cyberattacken Angreifer und Bedrohte in einem sich ständig erneuernden Hase-und-Igel–Spiel stecken, versanden die Themen für einen Podcast vermutlich nicht so bald: Wie vermeide ich Schadsoftware, Phishing, Hacker-Angriffe etc. Welche aktuellen Bedrohungen gibt es? Dazu Verhaltensmaßnahmen für den Fall des Falles. Für solche Themen könnte sogar eine sehr spitze Zielgruppe wie IT-Abteilungsleiter interessant sein, die dann wiederum die ihnen untergebenen Mitarbeiter schulen.

Und einmal mehr: Eine »Podcast«-Serie zum Thema IT-Sicherheit ist ein unternehmensinternes Wissensarchiv, das Sie jederzeit und passend zu aktuellen Ereignissen »anzapfen« können, indem Sie im Intranet, in der App, im Newsletter erneut auf eine Folge aufmerksam machen.

---

29   Quelle: https://www.trendmicro.com/de_de/about/newsroom/press-releases/2019/20190129-interne-kommunikation-stellt-groesste-herausforderung-fuer-cybersicherheit-dar.html

9.2.7 Franchise – Kompakte Infos für die Franchisenehmer

Die Franchise-Branche ist absolut geeignet für einen Podcast, der sich an die Franchise-partner richtet. Mögliche Inhalte:

- Welche Unterstützung gibt es von den Franchisegebern (Aktionen, Strategien, Material, Social-Media-Marketing, PR, Presse) und wie setzt man sie ein?
- Diskussionen und Informationen zu Regeln und Glaubenssätzen
- Vorstellung von Leitplanken-Systemen
- Erfolgsmodelle bzw. Erfahrungsaustausch durch Interviews mit Franchiseneh-mern, z. B. Tipps für Marketing, Buchhaltung, Personalführung, Recruiting

Auch die Franchisegeber, die Zentrale, kann auf diese Weise wichtige Erkenntnisse ihrer Partner gewinnen: Was passiert vor Ort, gibt es Entwicklungen, die wir in der Zentrale nicht mitbekommen?

Das Ziel ist auch hier: Kommunikation auf Ohrenhöhe, Gemeinschaftsgefühl stärken: Wir sind ein Team! Es wird nicht etwas von oben zackig verordnet und der Franchise-nehmer kann nur kuschen. Stattdessen gilt es, Wertschätzung zu demonstrieren! Und nebenbei: Probleme, Streit und Gerichtsprozesse lassen sich dadurch oft vermeiden.

9.2.8 Onboarding – Willkommens-Radio für neue Mitarbeiterinnen und Mitarbeiter

Warum nicht: Begrüßen Sie neue Mitarbeiter gleich nach der Vertragsunterschrift mit einer kurzen Serie von Audio-Beiträgen. Erläutern Sie die Unternehmenskultur, erzählen Sie die Firmenhistorie oder informieren Sie über Angebote aus der Personal-abteilung. Auch hier ist es oberstes Ziel, Berührungsängste abzubauen und Bindung aufzubauen, schon vor dem ersten Arbeitstag. Denn: 28 % der Angestellten kündigen ihren Job in den ersten 90 Tagen.[30] Für die Unternehmen ist das ein organisatorisches, aber auch finanzielles Problem.

Eine direkte, persönliche und sympathische Ansprache kann hier Brücken bauen, damit neue Mitarbeiter nicht gleich wieder abspringen.

---

30 Quelle: Staffbase, Interne Kommunikation, 2020 Top Trends, https://staffbase.com/blog-de/interne-kommunikation-2020-top-trends/

9.2.9   Social Business – Fortbildung für die, die Gutes tun

Tue Gutes und rede darüber – ein Klassiker. Ob es Social Business heißt, Sozialunternehmertum oder Social Entrepreneurship: Gerade in diesem Bereich ist ein Podcast ein preisgünstiges und zugleich mächtiges PR- oder Kommunikationsinstrument. Nach außen sowieso, aber auch nach innen.

In der internen Kommunikation könnte es darum gehen, den Mitarbeitern zu erläutern: Warum tun wir das, was wir tun. Was sind unsere Werte? Wie können wir ein soziales Business betreiben, das uns dennoch den eigenen Lebensunterhalt ermöglicht? Wie gelingt die Balance zwischen Idealismus und Überlastung? Wie funktioniert das Arbeiten im Team ohne klare Hierarchien? Austausch und Dialog über diese Fragen in Audio-Form sind Wissensvermittlung und Motivationsmaßnahme gleichermaßen.

9.3   Experteninterview mit Valentina Wiedemann (Audi AG)

!   **Valentina Wiedemann**

Valentina Wiedemann studierte Informationsmanagement und Unternehmenskommunikation an der Hochschule Neu-Ulm und verfasste 2020 ihre Bachelorarbeit in Zusammenarbeit mit der Audi AG. Dabei beschäftigte sie sich mit der Frage, welchen Stellenwert der interne Podcast in der Kommunikation deutscher Unternehmen momentan hat und was Mitarbeiter-Podcasts von ihrem externen Pendant, dem Corporate-Podcast, lernen können. Die wichtigsten Erkenntnisse teilt sie mit uns für dieses Buch.

Doris Hammerschmidt: Sie haben fünf sehr erfolgreiche Branded-, Corporate-Podcasts untersucht. Gibt es irgendeine Gemeinsamkeit bei Format oder Machart? Konnten Sie in Ihrer Arbeit Erfolgsfaktoren für Corporate-Podcasts herausarbeiten?

Valentina Wiedemann: Tatsächlich konnte ich beim direkten Vergleich der fünf Formate gemeinsame Erfolgsfaktoren identifizieren. Beispielsweise sind Interview und Feature die beiden Darstellungsformen, die am häufigsten für die Konzeption der Podcasts genutzt werden. Zudem achten die Firmen in allen Formaten darauf, Storytelling anzuwenden und damit die Inhalte möglichst unterhaltsam zu verpacken. Auch bei den Moderatoren gibt es Parallelen: Meist sind die Sprecher nicht unbekannt, sondern Persönlichkeiten, die man aus den Medien kennt. Aus diesen Aspekten habe ich die Schlussfolgerung gezogen, dass der Unterhaltungswert eine große Relevanz hat, was auch frühere Forschungsergebnisse bestätigen. An der Umsetzung der Corporate-Podcasts konnte ich zudem sehen, dass alle Unternehmen viel Wert auf eine umfangreiche Planung legen: Häufig gibt es begleitend zum Podcast speziell aufbereiteten Content wie Fotos, Videos oder Artikel, auf die crossmedial verlinkt wird. Die Mehrzahl der Formate hat zudem keinen werblichen Charakter, aber immer einen Bezug zum

Unternehmen, und es wurde darauf geachtet, durch einen konsistenten Aufbau der Episoden einen Wiedererkennungswert zu generieren.

Doris Hammerschmidt: Wie machen die Unternehmen ihre Corporate-Podcasts bekannt, wie kommen die an die Zielgruppe, gibt es da Konzepte?

Valentina Wiedemann: Das Konzept hängt meiner Erfahrung nach stark vom Unternehmen ab. Ein Unternehmen entwickelte zum Beispiel eine crossmediale Kampagne, die sogar TV-Spots beinhaltet, um auf das Format aufmerksam zu machen. Andere Unternehmen betreiben dafür wesentlich weniger Aufwand. Was aber bei fast allen Corporate-Podcasts, die ich untersucht habe, genutzt wurde, sind crossmediale Verweise. Das heißt, die Unternehmen nutzen ihre verschiedenen Plattformen wie die Website, YouTube, Instagram oder eben den Podcast, um auf ergänzenden Content auf einem anderen Kanal zu verweisen. In einem Corporate-Podcast konnte der Hörer so das zuvor beschriebene Projekt im Video sehen. Damit wird Audio um die visuelle Komponente ergänzt.

Doris Hammerschmidt: Sie haben außerdem Podcasts in der internen Kommunikation in den Blick genommen?

Valentina Wiedemann: Genau, um einen Einblick in die momentane Verwendung des internen Mediums zu bekommen, befragte ich neben zwei Podcast-Produzenten auch fünf Kommunikationsexperten aus Unternehmen, die bereits einen Mitarbeiter-Podcast eingeführt haben. Durch die Anzahl der Befragten können meine Ergebnisse jedoch nur als Anhaltspunkte und nicht als repräsentative Ergebnisse angesehen werden.

Doris Hammerschmidt: Gehen wir da erst mal ein paar Rahmenbedingungen durch: Wie oft erscheinen die Episoden im Durchschnitt, wie lang sind sie?

Valentina Wiedemann: Beim Mitarbeiter-Podcast achten die Unternehmen genauso wie beim Corporate-Podcast fast alle auf eine regelmäßige Veröffentlichung im gleichen Rhythmus, um die Hörer kontinuierlich mit neuen Inhalten zu versorgen. Die Zeiträume zwischen den Veröffentlichungen variieren stark je nach Unternehmen: Manche veröffentlichen wöchentlich, andere nur einmal im Monat. Die durchschnittliche Dauer des Formats beträgt sechs bis zehn Minuten, was im Vergleich zu Corporate-Podcasts relativ kurz ist.

Doris Hammerschmidt: Über welche Kanäle werden die Episoden ausgespielt?

Valentina Wiedemann: Die Mehrzahl der von mir befragten Expertinnen und Experten setzen auf die Verbreitung durch interne Kanäle wie das Intranet, eine mobile App oder über einen Link per E-Mail. Meist werden mindestens zwei Kanälen angeboten, um dem Hörer eine Wahl zu bieten.

Doris Hammerschmidt: Gibt es ein klassisches Format, das die meisten wählen, oder ist das ganz unterschiedlich?

Valentina Wiedemann: Das beliebteste Format ist das Interview, häufig kombiniert mit einer Meldung, einer Nachricht oder einem Bericht. Hier sieht man deutlich, dass beim internen Podcast mehr auf den Informationsgehalt gesetzt wird, während beim Corporate-Podcast eher die Unterhaltung priorisiert wird.

Doris Hammerschmidt: Was läuft noch nicht rund bei Mitarbeiter-Podcasts, konnten Sie in Ihrer Arbeit auch Fehler oder Versäumnisse analysieren?

Valentina Wiedemann: Wie eben schon kurz angesprochen, spielt die Art der Informationsübermittlung eine große Rolle: Um den Podcast attraktiv für den Hörer zu machen, kann es sinnvoll sein, das Format möglichst unterhaltsam zu gestalten und Aspekte wie Storytelling und die Kommunikation emotionaler Inhalte zu integrieren. Bei einigen Unternehmen können die Mitarbeiter den Podcast noch nicht über ein mobiles Endgerät konsumieren. Hier besteht noch Handlungsbedarf, da Studien belegen, dass das Smartphone das beliebteste Medium zum Anhören ist.

Einige Expertinnen und Experten erklärten zudem, dass ihr Mitarbeiter-Podcast noch nicht die Aufmerksamkeit bekommt, die sie sich wünschen. Um dies zu ändern, kann es hilfreich sein, auf crossmedialen Content zu setzen und extra Artikel oder Videos aufzubereiten, die das Audiomedium ergänzen und bewerben. Außerdem ist mir aufgefallen, dass der Professionalisierungsgrad des Mediums teilweise noch recht niedrig ist. Das heißt, strategische Punkte wie die Planung und Konzeption des Formats oder die Auswertung der Abrufzahlen werden häufig noch nicht ausreichend umgesetzt.

Doris Hammerschmidt: Wie fällt das Fazit Ihrer Arbeit aus? Sind Podcasts in der internen Kommunikation bei den Unternehmen schon präsent oder ist noch Luft nach oben?

Valentina Wiedemann: Es gibt definitiv noch Luft nach oben. Zum momentanen Zeitpunkt ist der Stellenwert des internen Podcasts in Deutschland noch eher gering, da erst wenige Unternehmen das Medium für ihre interne Kommunikation nutzen. Doch die von mir befragten Expertinnen und Experten waren sich einig, dass der interne Podcast großes Potenzial hat, sich in den nächsten Jahren weiter zu etablieren. Diese Prognose wird auch dadurch bestätigt, dass alle Ansprechpartner erklärten, das Audiomedium habe Alleinstellungsmerkmale, die andere Medien nicht bieten. Daher hat der Mitarbeiter-Podcast aus meiner Sicht sehr gute Chancen, ein fester Bestandteil des Medienportfolios der internen Kommunikation zu werden.

Doris Hammerschmidt: Herzlichen Dank, Valentina Wiedemann.

DIE WICHTIGSTEN ERKENNTNISSE AUS KAPITEL 9

- Audio in der internen Kommunikation – zielgerichtet und unterschätzt!
- Audio versammelt alle Mitarbeiterinnen und Mitarbeiter weltweit vor dem akustischen Lagerfeuer.
- Audio wirkt bindend, vertrauensbildend, motivierend – Mitarbeiter werden zu Fans, Influencern.
- Mitarbeiter-Apps sind optimale Treiber bzw. Abspielkanäle für Mitarbeiter-Podcasts.
- Kommunikationsziele können sehr spezifisch sein: Moderation von Change-Prozessen, Wissensaustausch zwischen Jung und Alt, Onboarding oder Social Business.

10 Modelle der Podcast-Produktion – Bronze, Silber, Gold

Bronze – Grundausstattung zum Ausprobieren

USB-Mikrofon Samson Meteor oder Behringer HLC 660M (Headset)	30 bis 50 Euro
Kopfhörer: Beliebiger In-Ear-Kopfhörer	meist vorhanden
Schnitt und Postproduktion: Audacity/Ultraschall/Garageband	kostenlos
Hosting: Soundcloud	kostenlos
Strategie/Produktion/Vermarktung	Selbst machen

Silber – Erweiterte Ausstattung, Mittelklasse

USB-Mikrofone: AKG Lyra/t.bone USB Podcast Bundle	60 bis 180 Euro
Kopfhörer: Sony MDR-7506	ca. 100 Euro
Oder Headset: beyerdynamic MMX-300 zweite Generation	ca. 250 Euro
Schnitt/Postproduktion: Ultraschall/Audacity/Garageband	kostenlos
Adobe Audition	ca. 24 Euro/Monat
Hosting: podcaster.de/libsyn.com/Podigee	mittlere Modelle, 12 Euro/Monat

Strategie, Produktion und Vermarktung: Je nachdem, wo die eigenen Stärken oder Stärken liegen, suchen Sie sich gegebenenfalls Unterstützung bei Profis: eine Podcast-Produktions-Agentur für die technische und/oder journalistische Umsetzung oder ein Podcast-Netzwerk für die Vermarktung.

Gold – Semi-Profi-Ausstattung für höhere Ansprüche

Mikrofon: Blue Yeti Studio/Rode Podcaster/Rode NT1-Kit	170 bis 250 Euro
Kopfhörer: beyerdanamic DT 770 Pro 80	ca. 120 Euro
Mischpult: Rode Podcaster Pro	530 bis 650 Euro
Schnitt/Postproduktion: Adobe Audition	ca. 24 Euro/Monat
Hosting: podcaster.de/libsyn.com/Podigee	Profi-Modelle, 100 Euro/Monat

Strategie, Produktion und Vermarktung: Arbeiten Sie von Beginn an mit Expertinnen und Experten für Planung und Produktion von Podcasts intensiv zusammen – bis hin zur professionellen Begleitung und Vermarktung nach Veröffentlichung der Episoden durch ein Podcast-Netzwerk.

Auch diese Liste aktualisieren wir regelmäßig, abhängig von der technischen Entwicklung. Sie finden sie in der jeweils aktuellen Form in den Online-Arbeitshilfen auf mybook.haufe.de.

Tipps zum Nachlesen

Eck, Klaus; Eichmeier, Doris (2014): Die Content-Revolution im Unternehmen: Neue Perspektiven durch Content-Marketing und -Strategie, Haufe.

Fuchs, Werner T. (2017): Crashkurs Storytelling, Grundlagen und Umsetzungen, Haufe.

Führmann, Ulrike; Schmidbauer, Klaus (2011): Wie kommt System in die interne Kommunikation?, Talpa Verlag.

Krugmann, Dennis; Pallus, Darius (2008): Podcasting, Marketing für die Ohren, Springer Gabler.

Meinzer, Kristen (2019): So You Want to Start a Podcast, William Morrow.

Preger, Sven (20129): Geschichten erzählen, Storytelling für Radio und Podcast, Springer VS/Journalistische Praxis.

Portale, Nachschlagewerke und Foren rund um das Podcasting

www.sendegate.de

www.radioszene.de

www.fyyd.de

www.podcast.de

https://www.podcastinsights.com/de

Abbildungsverzeichnis

Stichwortverzeichnis

Die Autorin

 **Doris Hammerschmidt** ist ausgebildete Rundfunk-Journalistin, Moderatorin, Redakteurin. Sie hat bei Radio Charivari in München volontiert und insgesamt rund 15 Jahre bei Radiostationen wie Hit Radio FFH Frankfurt/M., Radio 7 oder Berliner Rundfunk 91!4 gearbeitet. Von 1999 bis 2002 war sie Redakteurin bei der TV-Produktionsfirma Welt der Wunder, wo sie ab 2001 die Abteilung Digitale Medien leitete und zahlreiche multimediale Produktionen aus dem Bereich Populärwissenschaft betreute. Wissenschaft ist aus dieser Zeit eines ihrer Lieblingsthemen geblieben.

2005 gründete sie mit ihrem Mann, Frank Busch – während der ersten großen »Podcast-Welle« – in Berlin die Audioproduktions-Agentur »tonjuwelen«. Beide waren sich von Beginn an einig: Wir machen das als Dienstleistung. Das ist ein tolles Kommunikationselement für Firmen, Institutionen, Organisationen. Erste Produktionen waren Podcasts für macnews.de, T-Systems, DATEV, Brot für die Welt, wallstreet:online oder Musikprojekte wie der »Club der toten Dichter« von Max Repke.

Als die Podcast-Begeisterung um das Jahr 2009 etwas abflachte, verlegten sich die »tonjuwelen« auf die Produktion von Corporate-Videos, unter anderem für Christoffel Blindenmission, GAD eG, Oldenbourg Verlag, DiabetesDE, Stiftung Atemweg.

Und dann kam »Serial« … und eine Weissagung traf ein (siehe folgende Danksagung): Die zweite große Welle der Podcast-Begeisterung erreichte ab 2018 auch Deutschland und die »tonjuwelen« und mit ihr Gründerin Doris Hammerschmidt stiegen wieder voll ins Thema Podcast ein – jetzt allerdings umfirmiert als Medienproduktion München. Endlich nur Audio, nur Podcasts machen! Für die Audio-Verrückte ging ein Traum in Erfüllung: Das Video-Equipment wurde verkauft oder eingelagert und los ging es wieder mit Podcast. Erste Produktionen waren erneut T-Systems und als Co-Produzentin und Host gemeinsam mit Alex Wunschel in der ersten Staffel des Telekom-Podcasts »Digitalisierung. Einfach. Machen.« Im Podcast-Intro ist Doris Hammerschmidt immer noch singenderweise zu hören, eine andere Facette Ihres Könnens. Es folgten Podcast-Produktionen für Diabetes DE Deutsche Diabetes Hilfe oder MAN. Ambitioniertestes Projekt ist sicher der True Life- bzw. Storytelling-Podcast »Finding Fire!«, den Doris Hammerschmidt und Frank Busch auf die Welt bringen möchte. Seit Frühjahr 2020 laufen die Vorbereitungen …

Danksagung

»Entschuldigen Sie, diese Pordkas, machen Sie sowas?«

Mein Mann Frank und ich haben in den Jahren der Podcast-Produktion den ein oder anderen Running Gag gesammelt. Dass wir – nicht nur darüber – immer noch lachen können, obwohl es zwischenzeitlich überaus unlustige Zeiten gab, dafür muss und möchte ich ihm vor allem danken. Seinem Mut, seiner Quirligkeit, seiner Unabhängigkeitsliebe und seiner unerschütterlichen Zuversicht ist es zu verdanken, dass wir uns selbstständig gemacht haben; dass wir voll auf »Pordkas« gesetzt haben und inzwischen ein unschlagbar kreatives und professionelles Duo geworden sind.

Danke, dass Du seit 15 Jahren an den Reglern sitzt und immer noch versuchst, mich noch »seidiger« klingen zu lassen. Danke dafür, dass mir in unseren kreativen Jahren noch keine Sekunde langweilig war. Ich möchte mit Dir noch viele Podcasts produzieren, wenn möglich auch noch mit 80. Arbeitstitel: »Alter, hör doch mal zu!«

Bedanken möchte ich mich aber auch bei Meike Leopold, ebenfalls Buchautorin in der Haufe-Gruppe (Corporate Blogs) und Christian Buggisch, Leiter Corporate Publishing bei DATEV. Beide haben es durch ihre Empfehlung möglich gemacht, dass ich dieses Buch schreiben durfte. Ich danke Euch!

Auch meinen Expertinnen und Experten, die mir mit Rat und Expertise zur Seite standen und in dieses Buch viel Wissen und Erfahrung einbringen, danke ich von Herzen. Als da wären:

Tina Jürgens, Zebra Audio, Berlin

Vincent Kittmann, Podstars, Hamburg

Saruul Krause-Jentsch, Spotify

Sonja Laaser, Kanzlei Laaser, Berlin

Mati Sójka, Podigee, Berlin

Valentina Wiedemann, Werksstudentin AUDI, Ingolstadt

Und natürlich danke ich dem Haufe-Verlag, dass er mir diese Möglichkeit gegeben hat. Danke, Judith Banse, für die kreative Zusammenarbeit und meinem Lektor Peter Böke für die großartige Betreuung. Ein tolles Team!